essentials

Essentials liefern aktuelles Wissen in konzentrierter Form. Die Essenz dessen, worauf es als „State-of-the-Art" in der gegenwärtigen Fachdiskussion oder in der Praxis ankommt. *Essentials* informieren schnell, unkompliziert und verständlich

- als Einführung in ein aktuelles Thema aus Ihrem Fachgebiet
- als Einstieg in ein für Sie noch unbekanntes Themenfeld
- als Einblick, um zum Thema mitreden zu können

Die Bücher in elektronischer und gedruckter Form bringen das Fachwissen von Springerautor*innen kompakt zur Darstellung. Sie sind besonders für die Nutzung als eBook auf Tablet-PCs, eBook-Readern und Smartphones geeignet. *Essentials* sind Wissensbausteine aus den Wirtschafts-, Sozial- und Geisteswissenschaften, aus Technik und Naturwissenschaften sowie aus Medizin, Psychologie und Gesundheitsberufen. Von renommierten Autor*innen aller Springer-Verlagsmarken.

Katja Schwalbach

Introvertierte Führungskräfte

Wie sie im Führungsalltag ihre Stärken zielgerichtet einsetzen und Herausforderungen erfolgreich begegnen

Springer Gabler

Katja Schwalbach
www.quietpotentials.de
Beratung & Training
Mainz, Deutschland

ISSN 2197-6708 ISSN 2197-6716 (electronic)
essentials
ISBN 978-3-662-69659-0 ISBN 978-3-662-69660-6 (eBook)
https://doi.org/10.1007/978-3-662-69660-6

Die Deutsche Nationalbibliothek verzeichnet diese Publikation in der Deutschen Nationalbibliografie; detaillierte bibliografische Daten sind im Internet über https://portal.dnb.de abrufbar.

Planung/Lektorat: Mareike Teichmann
Springer Gabler ist ein Imprint der eingetragenen Gesellschaft Springer-Verlag GmbH, DE und ist ein Teil von Springer Nature.
Die Anschrift der Gesellschaft ist: Heidelberger Platz 3, 14197 Berlin, Germany

Wenn Sie dieses Produkt entsorgen, geben Sie das Papier bitte zum Recycling.

Was Sie in diesem *essential* finden können

- Beschreibungen der auffälligsten Unterschiede zwischen Intro- und Extravertierten.
- Forschungen, die zeigen, dass Introversion neurobiologisch nachweis- und erklärbar ist.
- Einen Überblick über die Stärken introvertierter Führungskräfte.
- Herausforderungen introvertierter Führungskräfte mit Bezug auf das Energiemanagement.
- Elemente, um hilfreiche Führungsstrategien zu entwickeln, erläutert an drei Praxisbeispielen.

Inhaltsverzeichnis

Einleitung

Die Vorstellung, introvertiert zu sein und gleichzeitig eine Führungsposition zu bekleiden, wird oft als unvereinbar angesehen – sowohl von leistungsstarken Introvertierten als auch von Personalverantwortlichen. Es ist jedoch wichtig zu erkennen, dass Introversion, als Persönlichkeitsmerkmal, lediglich eine andere Art von Führung bedingt, die ein vertrauensvolles Teamklima schaffen und beeindruckende Ergebnisse erzielen kann.

Deshalb soll dieses *essential* Introvertierten Mut machen, Führung zu übernehmen, und jene unterstützen, die bereits in Führungspositionen sind, sich weiterzuentwickeln. Zudem soll es Personalverantwortlichen helfen, introvertierte Talente zu erkennen und sie darin bestärken, diese zu fördern.

Die Persönlichkeit eines Menschen ist komplex und vielschichtig. In verschiedenen beruflichen Rollen treten unterschiedliche Facetten des Selbst hervor, die es schwierig machen, die „eine" introvertierte Persönlichkeit vollständig zu erfassen. Deswegen beschreibe ich Stärken und Entwicklungsmöglichkeiten für introvertierte Führungskräfte, ohne Anspruch auf allgemeingültige Aussagen oder Patentlösungen zu erheben.

© Der/die Autor(en), exklusiv lizenziert an Springer-Verlag GmbH, DE, ein Teil   1
von Springer Nature 2024
K. Schwalbach, *Introvertierte Führungskräfte*, essentials,
https://doi.org/10.1007/978-3-662-69660-6_1

Introversion und Extraversion

Introvertierte gelten oft als stille, nachdenkliche Menschen, die als „Stubenhocker" beschrieben werden, während Extravertierte eher als gesellig und oberflächlich gelten, die gerne im Mittelpunkt stehen. Diese Stereotype spiegeln jedoch nur einen Teil der Realität wider. „Introversion" bedeutet aus dem Lateinischen, sich nach „innen" zu wenden, während „Extraversion" heißt, sich nach „außen" zu wenden.

Das Persönlichkeitsmerkmal – introvertiert oder extravertiert – wird durch einen Persönlichkeitstest gemessen. Intro- und Extraversion sind die beiden Pole einer Dimension. Je näher sich der ermittelte Wert an einem der Pole befindet, desto stärker ist das Merkmal ausgeprägt. Personen, deren Ergebnis in der Mitte der Dimension liegt, werden als „ambivert" bezeichnet. Allerdings ist niemand auf einen bestimmten Punktwert festgelegt. Jeder Mensch hat eine individuelle Wohlfühlzone, in der er sich täglich bewegt.

2.1 Überblick über die auffälligsten Unterschiede

Den reinen Typus des intro- oder extravertierten Menschen gibt es nicht. Um dennoch eine Orientierung zu geben, möchte ich zwei wesentliche Unterschiede hervorheben.

2.1.1 Energiemanagement

In unserem Verhalten ist erkennbar, wie wir unser Energielevel regulieren:

© Der/die Autor(en), exklusiv lizenziert an Springer-Verlag GmbH, DE, ein Teil von Springer Nature 2024
K. Schwalbach, *Introvertierte Führungskräfte*, essentials,
https://doi.org/10.1007/978-3-662-69660-6_2

Um sich zu regenerieren, suchen extravertierte Menschen den sozialen Kontakt mit anderen oder halten sich in einer lebhaften Umgebung auf. Durch äußere Impulse können sie in vielen Situationen, wie Besprechungen oder gemeinsamen Mittagessen im Team, ihren Energiespeicher aufladen (Löhken, 2022). Das bedeutet, während sie Energie verbrauchen, können sie gleichzeitig regenerieren und somit ihre Energie jederzeit großzügig einsetzen.

Introvertierte hingegen suchen reizarme Orte, um ihren Ideen, Eindrücken und Emotionen nachzugehen und sich zu regenerieren (Laney, 2016). Dies ist erst in einer ruhigen Umgebung – beim Spaziergang oder allein im Büro – möglich. Als wäre das im Arbeitsalltag nicht schon schwierig genug, benötigen sie länger, um ihren „Akku" wieder aufzuladen und verbrauchen ihre Energie schneller als Extravertierte (Löhken, 2022). Fällt das Energieniveau in den roten Bereich, ziehen sich Introvertierte oft vom Team zurück und verbringen beispielsweise die Pause allein. Alternativ können sie in einen wortkargen „Energiesparmodus" mit gedämpfter Mimik und Gestik wechseln.

Introvertierte kalkulieren, bewusst oder unbewusst, den Energieverbrauch ihrer Aufgaben

Dafür stellen sie sich zwei Fragen:

1. Wie viel Energie habe ich (noch) zur Verfügung?
2. Wann habe ich die Gelegenheit, meinen Energiespeicher wieder aufzuladen?

2.1.2 Sicherheits- und Risikoorientierung

Auch in der Entscheidungsfindung zeigen sich unterschiedliche Herangehensweisen:

Introvertierte tendieren dazu, zunächst Fakten aus verschiedenen Perspektiven zu betrachten und sie in einen komplexen Zusammenhang bringen, bevor sie Entscheidungen treffen. Allerdings kann dieses gesteigerte Sicherheitsbedürfnis für sie nachteilig sein, wenn sie sich zu sehr in Bedenken verlieren und möglicherweise sogar einen Versuch komplett ablehnen (Löhken, 2016).

Extravertierte hingegen neigen besonders dazu, für Tätigkeiten, die eine Belohnung versprechen, höhere Risiken einzugehen (Löhken, 2016). Nach Lucas et al. (2000) ist die Belohnungssensibilität sogar der Faktor, der Extravertierte zu

Extravertierten macht. Die motivierenden Belohnungen betreffen vor allem den sozialen Status, Geld und Einfluss (Cain, 2013).

Fazit für die Praxis

Die unterschiedlichen Herangehensweisen erfordern eine Balance. Während Sicherheitsorientierung dazu führen kann, gar nicht zu handeln, kann die Aussicht auf Belohnung zu erhöhter Risikobereitschaft bis hin zur Blindheit gegenüber Gefahren und Selbstüberschätzung führen. Ein erfolgreiches Ergebnis erfordert die Berücksichtigung beider Aspekte sowie ein Team aus Intro- und Extravertierten, die ihre jeweiligen Stärken schätzen und zusammenarbeiten.

2.2   Erklärungsmodelle von Introversion

Wie wird Introversion in der Persönlichkeitspsychologie betrachtet und gemessen? Ist introvertiertes Verhalten neurobiologisch nachweisbar und erklärbar? Welche Rolle sollte Persönlichkeit im Diversity-Management spielen? Die folgenden Erklärungsmodelle geben Antworten auf diese Fragen:

2.2.1   Persönlichkeitspsychologie

In der Psychologie gibt es diverse Persönlichkeitstheorien. Um die Entwicklung, Bedeutung und heutige Messung von Introversion darzustellen, hebe ich die Psychoanalytische Theorie und Eigenschaftstheorie hervor.

Psychoanalytische Theorie
C. G. Jung benannte 1921 in seinem Buch „Psychologische Typen" als Erster die Persönlichkeitsmerkmale der Intro- und Extraversion als Grundtypen der Einstellung, die jeweils die Enden einer Dimension bilden. Später ergänzte er, dass in jedem Menschen intro- und extravertierte Einstellungsformen vorhanden sind, wobei eine davon in der Regel dominiert.

Jung ging davon aus, dass jeder Mensch bestrebt ist, eine sinnvolle Identität zu entwickeln und ein Gefühl des Selbst zu etablieren, was durch den Prozess der Individuation erreicht wird – eine Entfaltung der Persönlichkeit, bei der es darum geht, widersprüchliche Kräfte der Psyche zu integrieren. Nach Jungs Modell ist die

Psyche in drei Bereiche unterteilt: das bewusste Ich, das persönliche Unbewusste und das kollektive Unbewusste (Pervin et al., 2005).

Zur Unterstützung dieses Individuationsprozesses schlug Jung vor, die eigenen Talente, Möglichkeiten und Grenzen zu identifizieren und mit Therapeuten zu arbeiten, die durch das Phänomen der Übertragung zur Bewusstmachung beitragen können. Später entwickelte er seine psychoanalytische Theorie weiter zu einer Typologie, die als Grundlage für den Myers-Briggs-Typenindikator (MBTI) diente. Die Ergebnisse des MBTI liefern Informationen über Entscheidungsstile, Konflikt- und Kommunikationsverhalten sowie den Umgang mit Veränderungen. Das Ziel des Tests ist es, Stärken und Entwicklungsbereiche aufzuzeigen, um Reflexion und positive Weiterentwicklung zu fördern.

Es ist jedoch wichtig anzumerken, dass der MBTI keine genauen Aussagen über die Stärke der Persönlichkeitsmerkmale oder die Leistungsfähigkeit der Testperson trifft. Ferner sind die wissenschaftlichen Gütekriterien des Tests durchschnittlich, wodurch er in empirischen Untersuchungen oder von Personalverantwortlichen kaum eingesetzt wird (Lorenz & Oppitz, 2010).

Myers-Briggs-Typenindikator (MBTI)
Katherine Myers und ihre Tochter Isabel Briggs Myers entwickelten den MBTI basierend auf dem Ansatz von C. G. Jung. 1962 wurde der Test mit 16 verschiedenen Persönlichkeitstypen veröffentlicht. Diese werden in einer Kombination von vier Buchstaben, den sogenannten Gegensatzpaaren, angegeben. Sie bestehen aus den Polen: Extraversion (E) und Introversion (I), Empfinden (S) und Intuition (N), Denken (T) und Fühlen (F), Urteilen (J) und Wahrnehmen (P) (Lorenz & Opitz, 2010).

Eigenschafts- bzw. Wesenszugstheorie
Eigenschaften, auch Wesenszüge oder im Englischen „traits" genannt, sind zentral für das menschliche Verhalten. Sie sind konsistente Verhaltensweisen, wie „ängstlich" oder „freundlich", die Personen in verschiedenen Situationen zeigen. Diese persönlichen Eigenschaften beeinflussen maßgeblich, wie Menschen in verschiedenen Situationen reagieren, basierend auf der funktionalen Beziehung zwischen Situation und Reaktion.

Aus den beobachteten Situations-Reaktions-Beziehungen lassen sich Eigenschaften ableiten. Dazu werden Gefühle, Gedanken und Verhaltensweisen, die charakteristisch für eine bestimmte Eigenschaft sind, identifiziert, und daraus werden Konstrukte gebildet. Diese allgemeinen Maßstäbe und Normen können quantifiziert und gemessen werden, um die unterschiedliche Stärke des definierten Verhaltens auszuwerten (Asendorpf, 2005).

Die entwickelten Instrumente (Fragebögen), wie das Fünf-Faktoren-Inventar, messen zum Zeitpunkt der Befragung die Stärke der Merkmale und sagen aus, ob sie über oder unter dem Durchschnitt liegen. Aus den errechneten Werten wird ein Persönlichkeitsbild zusammengesetzt, das jeweils für bestimmte Situationen ein Verhalten vorhersagt (Fehr, 2006).

Das Fünf-Faktoren-Inventar gilt aufgrund wissenschaftlicher Gütekriterien als *das* Messverfahren für Persönlichkeitsmerkmale und wird daher häufig in der Personalauswahl eingesetzt. Die Ergebnisse werden genutzt, um Aussagen über die Leistungsfähigkeit der Bewerber abzuleiten. Es ist jedoch wichtig zu beachten, dass es sich dabei um eine verallgemeinerte Momentaufnahme handelt, die die Persönlichkeitsentwicklung außer Acht lässt.

Trotz der ausgezeichneten Gütekriterien des Messverfahrens sollten Personalverantwortliche die Ergebnisse nur als einen kleinen Baustein im Gesamtgefüge werten. Sie sollten sich auch ihrer eigenen möglichen Vorurteile gegenüber bestimmten Eigenschaften bewusst sein und die notwendige Vielfalt der Mitarbeitenden berücksichtigen.

Fünf-Faktoren-Inventar (NEO-Personal Inventory, kurz NEO-PI oder Big Five)
Paul Costa und Robert McCrae haben 1987 fünf Faktoren als stabile Grunddimension der Persönlichkeit nachgewiesen, und stellten als Messinstrument das Fünf-Faktoren-Inventar vor (Pervin et al., 2005). Der Fragebogen enthält fünf bipolar angelegte Dimensionen mit den Polen:

- negative Emotionalität versus Belastbarkeit,
- Extraversion versus Introversion,
- Offenheit für Erfahrung versus Konservatismus (Beharrlichkeit),
- Verträglichkeit versus (kompetitive) Konkurrenz und
- Gewissenhaftigkeit versus Nachlässigkeit.

Dieses Testverfahren wird aufgrund der Vielzahl von subsumierten Wesenszügen und des Abstraktionsniveaus auch „Big Five" genannt. Basierend darauf wurden viele Subtests, wie der NEO-PI-R-Test zur Messung von Extra- und Introversion (Ostendorf & Angleitner, 2004) und der NEO-FFI-30 für die Führungsforschung (Körner et al., 2008), entwickelt.

Free traits
In der Weiterentwicklung der Eigenschaftstheorie führte Brian Little (2015) den Begriff der „freien Persönlichkeitsmerkmale", auch „free traits", ein. Diese werden von ihm als eine variable Erweiterung im Sinne einer Ergänzung, neben den genetisch verankerten und stabilen Merkmalen gesehen. Es handelt sich um Verhaltensmuster, die unabhängig von den persönlichen Neigungen und der Umgebung ausgeführt werden. Er definiert free traits wie folgt:

„... culturally scripted patterns of conduct carried out as part of a person's goals, projects, and commitments, independent of that person's ‚natural' inclinations" (Little, 2000, S. 92).

Freie Merkmale ermöglichen es Introvertierten, in Situationen, die ihnen sehr viel bedeuten, ein pseudo-extravertiertes Verhalten an den Tag zu legen. Bedeutsame Gründe haben meist einen Bezug zur Liebe oder dem beruflichen Umfeld (Little, 2015). Demnach kann eine introvertierte Führungskraft ihre freien Merkmale nutzen, um, entgegen ihrem üblichen Verhalten, in entscheidenden Präsentationen extravertiert aufzutreten.

Jedoch besteht bei dauerhafter Nutzung freier Merkmale die Gefahr der Selbstnegierung, was wiederum zu psychischen und physischen Folgen für die Gesundheit führen kann. Daher sollten Introvertierte, die im extravertierten Umfeld häufiger gegen ihr Naturell handeln, einen zeitlichen Ausgleich schaffen, um zurückgezogen zu arbeiten und regenerieren zu können (Cain, 2013; Little, 2015).

Die Nutzung freier Persönlichkeitsmerkmale, wie das Entertainment für einen introvertierten Redner auf einer großen Bühne, lässt sich mit dem gelegentlichen Verlassen der Wohlfühlzone vergleichen. Diese Erfahrung wird von dem Redner in sein Selbstkonzept integriert und erweitert schrittweise seinen Handlungsspielraum, und somit den genutzten Wohlfühlbereich auf der Dimension Intro- / Extraversion. Dennoch gibt es Grenzen für die Ausdehnung der Verhaltensvariabilität, insbesondere wenn Authentizität und Wohlbefinden als Maßstäbe angelegt werden.

Fazit

Intro- und Extraversion sind seit über 100 Jahren Untersuchungsgegenstand in der Persönlichkeitspsychologie und gelten als die am intensivsten erforschten Merkmale.

Der Myers-Briggs-Typenindikator (MBTI) und das Fünf-Faktoren-Inventar (Big Five) sind gängige Messverfahren, in denen Intro- und Extraversion als jeweils eine Dimension einen hohen Stellenwert haben. Dennoch sollten die Ergebnisse nur als ein Baustein zur Bewertung einer komplexen Gesamtpersönlichkeit betrachtet und Entwicklungspotenziale einbezogen werden.

Die Einführung von „freien Persönlichkeitsmerkmalen" durch Brian Little bietet eine Erklärung dafür, dass Introvertierte in bestimmten Situationen extravertiertes Verhalten zeigen können.

2.2.2 Neurobiologie

Die Ursache für das weltweit ähnliche zurückgezogene und nachdenkliche Verhalten von Introvertierten geht über die „einfache" Sozialisation hinaus. Ist Introversion demnach neurobiologisch erklärbar und messbar? Um das herauszufinden, untersuchte Jerome Kagan in den 1980er Jahren Hunderte Kinder über Jahre hinweg bis ins Erwachsenenalter. Er setzte die Kinder altersentsprechend vertrauten und neuen Reizen aus, um ihr Verhalten zu beobachten und physiologische Reaktionen (Pulsfrequenz, Blutdruck) als Indikatoren für eine autonome Reaktion des Nervensystems und somit eine differenzierende Reizempfindlichkeit zu messen (Pervin et al., 2005).

Der Reizempfänger für die Sinnesorgane und Signalgeber an das Nervensystem ist die Amygdala, die sich im limbischen System befindet. Sie bewertet nicht nur emotionale Situationen, sondern insbesondere potenzielle Gefahren. Wenn ungewohnte, unerwartete oder bedrohliche Sinneseindrücke registriert werden, wie im Experiment, löst die Amygdala eine Starre oder Kampf- oder Fluchtreaktion aus. Entscheidende Fragen sind, bei welcher Reizintensität die Amygdala das Alarmsignal auslöst und wie dies mit dem Verhalten zusammenhängt.

Einige Kinder in Kagans Experimenten wurden durch die unbekannten Reize übererregt und zeigten Kampf- oder Fluchtreaktionen, zum Beispiel mit dem Wölben des Rückens oder sie schrien. Gleichzeitig wies ihr Speichel eine erhöhte Konzentration des Stresshormons Cortisol auf. Die hochreaktiven Kinder waren diejenigen, die im Alltag introvertierte Verhaltenstendenzen zeigten. Andere Kinder, mit extravertierten Verhaltenstendenzen, waren von den neuen und unbekannten Reizen eher unberührt und blieben ruhig (Cain, 2013). Diese Erkenntnisse legen nahe, dass introvertiertes Verhalten neurobiologisch messbar ist.

Sowohl Reizüberflutung als auch Unterstimulation beeinträchtigen die Aufmerksamkeit und schränken das Denkvermögen ein
Die Erregungsschwellen der Amygdala durch die Sinnesorgane variieren von Person zu Person. Folglich hat jeder Mensch einen individuellen Erregungszustand, den er als optimal erlebt. Das heißt: Weder über- noch unterstimuliert ist, noch Langeweile oder Angst empfindet (Cain, 2013).

Schon 1984 zeigte Russell Geen in einem Experiment zur Vervollständigung schwieriger Wortfolgen, dass Introvertierte und Extravertierte unterschiedliche Erregungsschwellen haben. Introvertierte reagierten empfindlicher auf höhere Geräuschpegel als Extravertierte. Bei höherem Lärmpegel zeigten Introvertierte eine

Übererregung und eine daraus resultierende Leistungssenkung. Extravertierte erlebten bei niedrigerem Geräuschpegel eine Leistungssenkung, da sie möglicherweise untererregt und gelangweilt waren.

Diese Ergebnisse zeigen, dass das individuelle optimale Erregungsniveau eine wichtige Rolle für die Leistungsfähigkeit spielt. Sowohl Introvertierte als auch Extravertierte sollten sich dieses Zusammenhangs bewusst sein, um ihr Erregungsniveau zu regulieren und so ihre Leistungsfähigkeit zu optimieren.

Die physiologische Erregung des Nervensystems erfolgt unbewusst und unsichtbar. Bleibt die Frage, ob sich sichtbare Verhaltensunterschiede neurobiologisch erklären lassen?
Die Grundlage der sichtbaren Temperamentsunterschiede bilden neurochemische Prozesse im Gehirn, an denen etwa 150 chemische Substanzen beteiligt sind. Aus diesen Substanzen werden Neurotransmitter wie Dopamin, Serotonin, Acetylcholin und Endorphine gebildet, die als Botenstoffe von Zelle zu Zelle im Gehirn übertragen werden. Sie regulieren den Blutfluss, dessen Volumen wiederum beeinflusst, welche Teile des Gehirns und des Nervensystems besonders aktiviert sind. Daraus lassen sich unsere Reaktionen und Verhaltensweisen ableiten (Laney, 2016).

Johnson et al. (1999) konnten in Scans bestätigen, dass die Blutmenge im Gehirn von Introvertierten im entspannten Zustand größer ist als bei Extravertierten. Der Blutfluss bei Introvertierten konzentriert sich hauptsächlich im frontalen Kortex, wo innere Erlebniswelt, Problemlösungsfähigkeit und Planung verortet sind, während bei Extravertierten die Route des Blutflusses kürzer und einfacher verläuft und verstärkt in Regionen des Gehirns führt, die Sinneswahrnehmungen verarbeiten. Somit korrelieren Verhaltensunterschiede – Fokussierung nach innen oder außen – mit der Blutmenge und Nutzung unterschiedlicher Blutbahnen im Gehirn.

Das autonome Nervensystem, bestehend aus dem sympathischen und parasympathischen System, reguliert ebenfalls unser Verhalten. Der Sympathikus wird durch den Neurotransmitter Dopamin aktiviert, um Flucht oder Kampfreaktionen bei Gefahr auszulösen, während Acetylcholin den Parasympathikus anregt, um den Körper zu beruhigen und zu entspannen. Aufgrund einer höheren Konzentration von Acetylcholin bei Introvertierten geht Laney (2016) davon aus, dass bei ihnen das parasympathische System dominant ist, was ihr eher ruhiges und zurückhaltendes Verhalten erklären könnte.

Auch die bereits beschriebene Sicherheits- und Risikoorientierung lässt sich neurobiologisch erklären. Die Konzentration der Botenstoffe unterscheidet sich bei Intro- und Extravertierten, wodurch verschiedene Teile des neuronalen Gefühlszentrums aktiviert werden. Der biologische Schlüssel für eher risikohaftes Verhalten ist Dopamin, das als Reaktion auf antizipierte Freude ausgeschüttet wird. Bei

Introvertierten sorgt hingegen der Neurotransmitter Acetylcholin für ein höheres Sicherheitsbedürfnis und lässt sie weniger leicht in Euphorie geraten (Cain, 2013; Löhken, 2016).

Fazit

Neurobiologische Prozesse sind für die Verhaltensunterschiede zwischen Intro- und Extravertierten verantwortlich. Dabei spielen die Aktivierungen von Neurotransmittern wie Dopamin und Acetylcholin eine entscheidende Rolle für das Verhalten. Studien zeigen zudem, dass verschiedene Gehirnregionen bei beiden Gruppen unterschiedlich aktiviert werden, was ihre Verhaltensweisen beeinflusst. Diese Unterschiede manifestieren sich auch in der Sicherheits- und Risikoorientierung.

2.2.3 Diversität

Um den Zusammenhang zwischen Introversion und dem Arbeitskontext herzustellen und zu erläutern, bedarf es eines Ansatzes, der individuelle Bedürfnisse und Verhaltensweisen berücksichtigt.

Die Konzepte des Diversity-Managements zielen darauf ab, eine integrative Arbeitsumgebung zu schaffen, die die vielfältigen individuellen Merkmale der Mitarbeitenden berücksichtigt. Unternehmen orientieren sich dabei an den Kerndimensionen Alter, Behinderung, Ethnizität, sexuelle Orientierung, Geschlecht und Religion. Diese Dimensionen umgeben das eigentliche Zentrum – die Persönlichkeit des Menschen. Obwohl Persönlichkeitsmerkmale den individuellen Arbeitsstil prägen, werden sie oft vernachlässigt. Vor der sich daraus ergebenden Komplexität wird meist kapituliert, obwohl ihre Bedeutung, insbesondere in der täglichen Teamarbeit, durchaus gesehen wird (Vedder, 2016).

„Diversität und Komplexität sind zwei Seiten derselben Medaille, weil Diversität Ausdruck von Komplexität ist. [...] Gleichzeitig ist Diversität *das* Mittel zur Bewältigung von Komplexität, die nicht reduzierbar ist." (Kinne, 2016, S. 3. Hervorhebung durch den Autor)

Wenn sich die Komplexität in den Organisationen ohnehin nicht reduzieren lässt, bedeutet das, dass es sich lohnt, noch genauer auf Diversität zu achten.

Wie? Indem auch die Persönlichkeitsmerkmale betrachtet und aufgefächert werden. Divers aufgestellte Teams fördern kreatives und innovatives Denken, was wiederum dazu beiträgt, komplexe Fragen schneller zu lösen und Wettbewerbsvorteile für das Unternehmen zu schaffen. Ein respektvoller und wertschätzender Umgang mit den individuellen Stärken der Teammitglieder ist dabei unerlässlich. Jedoch ist die Arbeitsumgebung oft vom Ideal der Extraversion geprägt. Menschen, die als „bedeutend" und erfolgreich angesehen werden, haben tendenziell eine forsche Art, sind stark wettbewerbsorientiert und suchen bei Veranstaltungen das Rampenlicht. In einem solchen Umfeld ist es verständlich, dass Introvertierte defensiv gegenüber ihrem Persönlichkeitsmerkmal eingestellt sind und sich möglicherweise selbst abwerten. Oft ziehen sie sich dann noch stärker zurück und können sich in diesem Unternehmen keine Führungskarriere vorstellen.

Das Diversity Management muss auf den Kern des Menschseins – die Persönlichkeit – blicken

Es ist Aufgabe des Diversity-Managements, Wissen über Persönlichkeitsmerkmale zu vermitteln und dadurch Bewusstsein zu schaffen und zu schärfen. Gegenseitiges Verständnis für Stärken und Schwächen ist entscheidend für die tägliche Zusammenarbeit sowie für die zielgerichtete Förderung der Mitarbeitenden.

2.3   Abgrenzungen zu Introversion

Introvertiertes Verhalten wird oft mit Zurückgezogenheit assoziiert. Es kann jedoch auch bei schüchternen oder hochsensitiven Personen und bei Mitarbeitenden, die resigniert sind, auftreten. Daher ist es wichtig, genauer hinzusehen, um Verwechslungen zu vermeiden.

2.3.1   Schüchtern

Schüchterne Menschen vermeiden oft Blickkontakt, sprechen leise, erröten, zittern, schwitzen stark oder haben Symptome wie Herzrasen oder sogar Blackouts. Sie zweifeln an ihren eigenen sozialen Fähigkeiten und fürchten, dass andere negativ über sie denken, sie ablehnen oder sogar demütigen könnten (Cain, 2013).

Diese Ängste führen dazu, dass Schüchterne sich häufig im Hintergrund halten, um potenzielle negative Interaktionen zu vermeiden. Es ist wichtig zu betonen, dass Schüchternheit eine Form sozialer Angst ist, die nicht mit Introversion gleichgesetzt werden sollte. Dennoch können Introvertierte auch schüchtern sein.

2.3.2 Neurosensitivität (Hochsensibilität)

Das Ehepaar Aron und Aron führte ein Merkmal ein, das sie „sensory-processing sensitivity" (Aron & Aron, 1997, S. 345), übersetzt „sensorische Verarbeitungssensitivität", nannten. Obwohl bis heute in der englischsprachigen Wissenschaft von „sensitivity" statt „sensibility" gesprochen wird, hat sich im deutschsprachigen Raum der Begriff „Hochsensibilität" fest etabliert. Dieser Begriff wird oft mit negativen Assoziationen wie zu hoher Empfindlichkeit und schneller Überstimulation verbunden.

In der Sensitivitätsforschung steht jedoch der Grad der Fähigkeit im Mittelpunkt, physische, sensorische und soziale Reize zu registrieren und im eigenen Erleben zu verarbeiten. Pluess (2015) bezeichnet dies als „Neurosensitivity", wobei die Sensitivität des zentralen Nervensystems gemeint ist. Eine individuelle Wahrnehmungsfähigkeit gegenüber Reizen, die die Beschreibungen von situationsbedingten Vor- und Nachteilen im gezeigten Verhalten außen vorlässt.

Etwa 20 % der Menschen reagieren stärker auf Sinnesreize aus der Umgebung und gelten als hochsensitiv (Pluess, 2015). Sie nehmen mit allen Sinnesorganen mehr und detailorientierte Informationen pro Zeiteinheit auf und verarbeiten sie gründlicher als Nicht-Hochsensitive. Diese erhöhte Wahrnehmung von subtilen und unterschwelligen Details führt dazu, dass hochsensitive Personen schneller reizüberflutet sind und sich eher zurückziehen, um sich zu regenerieren.

Bereits Aron und Aron (1997) stellten fest, dass eine hohe Sensitivität einen Bezug zur Introversion aufweist, aber nicht identisch ist. Somit kann das Merkmal einer hohen Neurosensitivität sowohl intro- als auch extravertierte Menschen betreffen.

2.3.3 Resignation

Der Begriff „Resignation" wird verwendet, um ein Aufgeben oder ein Sich-Ergeben zu bezeichnen. In organisatorischen Kontexten wird oft von innerer Kündigung oder „Dienst nach Vorschrift" gesprochen. Dabei handelt es sich um die bewusste Entscheidung von Mitarbeitenden, sich nicht mehr aktiv im Unternehmen zu engagieren und keine Initiative zu zeigen (Höhn, 1983).

Im direkten Arbeitsumfeld wird die innere Distanz als Interessenlosigkeit an gemeinsamen Aufgaben und einen reduzierten Austausch wahrgenommen. Sowohl Intro- als auch Extravertierte können sich dazu entscheiden, zu resignieren.

„Innere Kündigung" versus „Quiet Quitting"

Das Phänomen des „Quiet Quitting" bezieht sich auf Arbeitnehmer, die ihren vereinbarten Job engagiert innerhalb der vertraglich festgelegten Arbeitszeit erfüllen. Sie mögen ihren Job, sind jedoch nicht bereit, zusätzliches Engagement wie Überstunden zu leisten. Im Gegensatz dazu spricht man von „innerer Kündigung", wenn Beschäftigte sich nicht mehr mit ihrer Arbeit identifizieren und bewusst ihre Leistung reduzieren (Göschl et al., 2023).

Stärken und Herausforderungen von introvertierten Führungskräften

3

Die Hälfte der Menschen ist eher introvertiert, was sich natürlich auch in der Arbeitswelt widerspiegelt. Sicherlich gibt es Verschiebungen hin zu mehr Introvertierten in einzelnen Berufsfeldern, wie in Bibliotheken oder der IT. Dennoch können Organisationen grundsätzlich davon ausgehen, dass mindestens ein Drittel der Mitarbeitenden eher introvertiert ist.

In Führungspositionen zeigt sich eine Verteilung zugunsten von Extravertierten. Eine Studie von Mai et al. (2015) in DAX-30-Unternehmen zum Persönlichkeitsprofil von Führungskräften ergab, dass 70 % der Manager eine eher extravertierte Persönlichkeit hatten. Es scheint immer noch, dass Extraversion als ein Schlüssel zum Erfolg gilt; vielleicht sogar in manchen Köpfen als unverzichtbare Eigenschaft für eine erfolgreiche Karriere angesehen wird.

Dass diese Sichtweise überholt ist, spricht sich nur langsam herum. Denn bereits im Jahr 2011 veröffentlichten Grant et al. eine Studie, die ergab, dass introvertierte Führungskräfte erfolgreicher darin waren, Teams zu führen, in denen Mitarbeiter initiativ, flexibel und kreativ arbeiten und ihre Meinungen frei äußerten.

Angesichts dieser Erkenntnis stellen sich nun die Fragen: Welche Stärken bringen introvertierte Führungskräfte mit? Welchen Herausforderungen begegnen introvertierte Führungskräfte und wie gehen sie damit um?

3.1   Stärken

Stärken sind sehr individuell. Nicht alle Introvertierten verfügen über jede der hier genannten Stärken, und einige davon können auch bei extravertierten Menschen ausgeprägt sein. Zur Orientierung habe ich die in der Literatur (Cain, 2013; Laney, 2016; Löhken, 2022) besonders häufig beschriebenen Stärken introvertierter Menschen nach ihrer Arbeitsweise und ihrem interaktiven Verhalten geordnet.

3.1.1   Arbeitsweise

Welche Stärken können Introvertierte als Führungskräfte einbringen?

Innere Ruhe ist eine mentale Verfassung, die man mit einem meditativen Zustand vergleichen kann. Sie kann sich nur in einem reizarmen Arbeitsumfeld ausbreiten, wie zum Beispiel bei geschlossener Tür im ruhigen Einzelbüro. Geübte Introvertierte nehmen sich gerade in Hochstressphasen bewusst Zeit, um innerlich ruhig zu werden. Sie wissen, dass es ihnen hilft, Situationen schnell zu erfassen, zu priorisieren und gezielte Entscheidungen zu treffen.

Mit innerer Ruhe ist es möglich, sich tief auf eine Sache zu **konzentrieren.** Das bedeutet, sich über einen langen Zeitraum fokussiert, ohne Ablenkung, mit nur einem Problem oder Auftrag zu beschäftigen. Die zielgerichtete Aufmerksamkeit erleichtert es, Situationen mit hoher Komplexität schnell zu erfassen.

Das konzentrierte Arbeiten wird durch **Beharrlichkeit** unterstützt: Eine konsequente Art der Geduld, die es ermöglicht, an einer Sache lange Zeit dranzubleiben, auch wenn Widerstände auftreten. Es ist ein gewissenhaftes Arbeiten mit einer ausdauernden Bereitschaft, die sprichwörtlich „dicken Bretter" zu bohren.

Die Stärke des **analytischen Denkens** haben insbesondere Menschen, deren linke Hälfte der Großhirnrinde stärker ausgeprägt ist als die rechte. Das betrifft Intro- und Extravertierte gleichermaßen. Analytisch zu denken heißt, sehr systematisch Schritt für Schritt vorzugehen, um eine Vielzahl von Informationen zu durchdringen und in logische Einheiten zu kategorisieren (Laney, 2016). Durch das forschende, recherchierende und vergleichende Vorgehen gelingt es, eine komplexe Situation in überschaubare Strukturen zu ordnen und somit leichter bewältigbar zu machen. Diese Stärke hilft Führungskräften, umfassende Strategien und Konzepte zu erarbeiten.

Introvertierte sind oft in ihrer inneren Welt versunken und denken über sich selbst und andere nach. Sie haben den Drang, den Dingen auf den Grund zu gehen und dadurch **Substanz** zu schaffen. Dabei geht es ihnen um ein tiefes Verständnis des Problems, um sich mit qualitativen Beiträgen an der Lösung zu beteiligen. Löhken (2022) beschreibt das Vorgehen als eine Test- und Filterphase, in der die Introvertierten die Wichtigkeit, Richtigkeit und Passgenauigkeit ihres Beitrags zuerst gedanklich prüfen. Dieser Prozess führt zu einer substanziellen Tiefe, die gleichermaßen für schriftliche Antworten und für gehaltvolle Gespräche gilt.

Die Stärke der **Unabhängigkeit** hilft introvertierten Führungskräften, das zu sagen und zu tun, was sie für richtig und wichtig halten. Introvertierte haben eine geringere Belohnungssensitivität und sind deshalb weniger auf die Bestärkung oder Meinungen von Mitarbeitenden oder Vorgesetzten angewiesen. Es ist eher ein Handeln aufgrund eigener Erkenntnisse und Prinzipien, welches es ermöglicht, scheinbar selbstverständliches beziehungsweise gewohntes Verhalten infrage zu stellen. Besonders vorteilhaft für Unternehmen ist, dass introvertierte Führungskräfte auch ihre Mitarbeitenden im unkonventionellen Denken unterstützen und so Räume für neue Ideen schaffen.

Fazit für die Praxis

Die genannten Stärken prädestinieren Introvertierte für komplexe Anforderungen, bei denen Informationen ausgewertet und bei Bedarf neu strukturiert werden müssen, ehe die Ergebnisse bewertet und in einem Umsetzungsplan festgehalten werden. Konkrete Beispiele dafür könnten sein:

- ein integratives Konzept mit mehreren Stakeholdern und einem realistischen Zeitplan,
- die Analyse eines Wettbewerbsfeldes mit einer verbindlichen Aussage zur Kosten-Nutzen-Relation oder
- die Weiterentwicklung des eigenen Verantwortungsbereichs mit priorisierten Teilzielen als Beitrag zur Erreichung der Unternehmensziele.

Auch in tagesaktuellen Situationen, die ein schnelles und flexibles Reagieren erfordern, können die introvertierten Stärken der Substanz und Unabhängigkeit hilfreich sein. Denn um lösungsorientiert zu denken und zu handeln, fernab von gewohnten Abläufen und Statusverhalten, ist ein ehrliches Interesse sowie ein fachlicher Austausch aus verschiedenen Perspektiven erforderlich. Dies schließt auch kritische Meinungen, Gefahrenhinweise und das Eingestehen von vergangenen Fehlern mit ein.

3.1.2   Interaktion

Heute steht der Austausch vielfältigen (Fach-)Wissens zur Entwicklung von Ideen und Innovationen im Vordergrund. Um gewinnbringende Ergebnisse zu erreichen, braucht es Führungskräfte, die interaktive Prozesse in der Zusammenarbeit ihrer Teams gestalten können.

Die Grundlage dafür ist die Stärke des **Zuhörens,** die sich deutlich vom bloßen Hinhören unterscheidet. Wenn Gesprächspartner sich bereits gedanklich eine Antwort zurechtlegen, während das Gegenüber spricht, resultiert daraus eine Abfolge von Monologen (Löhken, 2022). Introvertierte hingegen hören aufmerksam zu und beobachten die Gestik und Mimik des Gegenübers. Sie filtern Informationen und Emotionen heraus und lassen sie in ihre Antworten einfließen. Dadurch entsteht ein echter Dialog, in dem sich das Gegenüber wahrgenommen und gesehen fühlt. Gerade als Führungskraft stärkt das Zuhören eine vertrauensvolle Beziehung zu den Mitarbeitenden. So lassen sich die täglichen Anforderungen leichter bewältigen, Konflikte im Team nachhaltiger lösen und Mitarbeitende fördern.

Unterstützend wirkt die intuitive Stärke der **Empathie.** Verantwortlich für dieses Einfühlungsvermögen sind Spiegelneuronen im Gehirn, die sowohl Intro- als auch Extravertierte, in unterschiedlicher Ausprägung, haben. Warum ist Empathie dann eine spezielle Stärke von Introvertierten? Es ist die Kombination mit der Stärke der Unabhängigkeit (Löhken, 2022). Für Introvertierte ist es kaum relevant, ob ihr Gegenüber im Status höher steht oder besonders erfolgreich ist. Sie sind weniger auf die Bestätigung durch ihre Mitmenschen angewiesen und konzentrieren sich deshalb eher auf das Heraushören von Zwischentönen und Gefühlslagen. Daraus leiten sie ab, was dem Gegenüber wichtig ist und welche Bedürfnisse er oder sie hat. Die Ergebnisse dieses oft unbewusst ablaufenden Prozesses, sich in das Gegenüber hineinzuversetzen, beziehen sie wiederum in ihre Antwort mit ein. Neben der Stärkung von Vertrauen und echtem Austausch lassen sich für introvertierte Führungskräfte unterschiedliche Interessen schneller erkennen und in Konflikten vermitteln.

Eine weitere interaktive Stärke ist die **Vorsicht.** Introvertierte, die vorsichtig handeln, agieren verständnisvoll und behutsam, ohne dabei ihren eigenen Standpunkt unumstößlich festzulegen. Ihnen ist jedoch besonders wichtig, einen respektvollen Abstand und eine gewisse Distanz gegenüber persönlichen Themen zu bewahren. Zudem legen sie Wert auf durchdachte Gesprächsinhalte und Entscheidungen. Introvertierte Führungskräfte eignen sich besonders für diplomatische Verhandlungen, bei denen es darauf ankommt, dass sich die Beteiligten ernst genommen fühlen und frei von Druck sind (Löhken, 2022).

Das interaktive Verhalten von Introvertierten umfasst auch ihre bevorzugte schriftliche Kommunikation. Das **Schreiben** hilft, Gedanken zu sortieren, zu durchdenken und präzise zu formulieren. Schriftliche Äußerungen ermöglichen einen individuellen Rhythmus, einen Fokus auf das Wesentliche und sind oft nachhaltiger als das gesprochene Wort. Entscheidungsträger schätzen diese Stärke zur schriftlichen Vorbereitung von Statusberichten, Problemaufrissen oder Entscheidungsvorlagen für Besprechungen.

Fazit für die Praxis

Die Interaktion ist ein zentraler Bestandteil der Führungsarbeit. Ziel ist es, Mitarbeitende in einen guten Kontakt zu bringen und zu halten, um ein hohes Maß an Engagement und produktive Zusammenarbeit im Team zu fördern und somit Gewinne für das Unternehmen zu erzielen.

Die Stärken des Zuhörens, der Empathie und der Vorsicht zeichnen sich durch wertschätzende und wahrhaftige Beachtung des Gegenübers aus, was zu einer vertrauensvollen Gesprächsatmosphäre beiträgt. Durch die (unbewusste) Fähigkeit, insbesondere in Eins-zu-Eins-Gesprächen, schnell tiefe Beziehungen aufzubauen, können introvertierte Führungskräfte starken Einfluss entfalten.

3.2 Herausforderungen

Sich ausschließlich auf die Stärken der introvertierten Führungskräfte zu konzentrieren wäre zu einseitig und entspräche nicht der menschlichen Wirklichkeit. Zudem ermöglicht die Betrachtung der Herausforderungen ein besseres Verständnis dafür, wie introvertierte Führungskräfte mit den spezifischen Schwierigkeiten umgehen können, und hilft dabei, die Auswirkungen auf die Teamdynamik zu erkennen.

3.2.1 Energiemanagement

Das Energiemanagement angemessen zu regulieren, ist eine der täglichen Herausforderungen für introvertierte Führungskräfte. Gelingt dies nicht, sind viele Introvertierte schnell **überstimuliert.** Gründe dafür können sein: zu viele und/

oder zu laute Gespräche beziehungsweise Geräusche, hektische Betriebsamkeit im Büro oder auf dem Flur, schnelles Sprechtempo, steter ungeduldiger Druck, sich entscheiden zu müssen und häufige Unterbrechungen. Die von diesen Situationen ausgelösten Sinnesreize zu verarbeiten, verbraucht Energie. Es ist schwierig, sich zurückzuziehen und den eigenen „Akku" wieder aufzuladen, wenn gleichzeitig Termine anstehen. Deshalb greifen oft folgende Mechanismen, um Energie zu sparen und mit der noch vorhandenen Kraft bis zur nächsten Rückzugsmöglichkeit auszukommen:

- **Kontaktvermeidung** beinhaltet, den Austausch mit anderen Menschen zu vermeiden. Das Zuhören in Besprechungen oder Veranstaltungen ist noch möglich, doch den anstrengenden Small Talk vor und nach dem Treffen versuchen die introvertierten Führungskräfte durch spätes Erscheinen und frühes Gehen zu vermeiden. Auch ungezwungene Gespräche mit Mitarbeitenden werden eher vermieden.
- Die **Fixierung** bezieht sich darauf, dass gewohnte Abläufe automatisiert werden und eine bewusste empathische Wahrnehmung des Moments dadurch nicht möglich ist. Ein Beispiel hierfür ist das tägliche Teammeeting mit immer mit denselben Punkten oder Fragen. Wenn eine Führungskraft sich ausschließlich auf formale Details konzentriert, besteht die Gefahr, dass ihr aktuelle Schwierigkeiten entgehen, da sie das große Ganze aus den Augen verliert.
- Konflikte zu thematisieren kann anstrengend sein, sodass auch **Konfliktvermeidung** eine Energiesparmaßnahme sein kann. Hinzu kommt, dass das Ergebnis und die daraus resultierenden Folgen meist ungewiss sind. Dies steht im Widerspruch zum erhöhten Sicherheitsbedürfnis von Introvertierten und führt wahrscheinlich dazu, dass sie Konfliktgespräche zusätzlich meiden.

Achten Sie auf Ihren persönlichen Akku mindestens genauso gut, wie auf den Ihres Smartphones!

Für jede introvertierte Führungskraft ist ein passendes Energiemanagement von zentraler Bedeutung, aber nicht alle sind sich dessen bewusst. Deshalb lassen sich die Energiesparmaßnahmen der Kontakt- und Konfliktvermeidung und Fixierung sehr gut als Hinweise für das Bedürfnis nach Rückzug und Regeneration nutzen.

3.2.2 Sachlichkeit

Typische Merkmale intelligenter Menschen sind die fachliche Tiefe und die Fähigkeit, analytisch zu denken. Dennoch kann Sachlichkeit für introvertierte Führungskräfte herausfordernd sein, wie ich im Folgenden erläutere. Wenn das rationale, sachliche Denken über die Emotionen zu stark dominiert, so spricht Löhken (2022) von **Verkopftheit.** Dabei werden die eigenen Gefühle blockiert und die des Gesprächspartners vernachlässigt, was zu einem reinen Austausch von Fakten führt. Kommunikationspsychologen haben festgestellt, dass etwa 20 % des Inhalts sachlich und etwa 80 % auf der Beziehungsebene übertragen werden (Watzlawick, 2016). Verkopften Introvertierten entgehen somit viele hilfreiche Informationen zur Bewältigung einer Situation.

Wenn eine introvertierte Führungskraft sich ausschließlich auf sachliche Details konzentriert, besteht ihre Herausforderung darin, sich nicht in dieser **Kleinteiligkeit** zu verlieren. Besonders in Diskussionen und Verhandlungen ist es wichtig, neben Fachkenntnissen und Struktur auch die Bedürfnisse der Gesprächspartner zu beachten und das übergeordnete Ziel nicht aus den Augen zu verlieren. Andernfalls besteht die Gefahr, dass die Zuhörer den Beitrag unterbrechen.

Fazit für die Praxis

In Niedrigenergiephasen ist es besonders schwierig, das Gleichgewicht zwischen den eigenen rationalen und emotionalen Anteilen zu finden sowie die entsprechenden Anteile der Gesprächspartner zu filtern und zu verarbeiten. Daher kann der bewusste Rückzug auf Sachlichkeit auch als eine Art Energiesparmaßnahme betrachtet werden.

3.3 Strategien zur Bewältigung der Herausforderungen

Schon in jungen Jahren müssen wir uns verschiedenen Herausforderungen stellen. Dabei stellt sich die Frage: Welche Strategien haben wir als Kinder erlernt und setzen wir sie möglicherweise noch heute ein?

3.3.1 Oft angewandte Strategien

Introversion wird immer noch häufig mit Schwäche assoziiert. Sogar introvertierte Menschen selbst neigen dazu, ihre Persönlichkeit zu unterdrücken oder ihr Bedürfnis nach Alleinzeit als negativ zu betrachten. Dies kann zu einer Entfremdung vom sozialen Umfeld führen oder sogar zu einer Entfremdung von den eigenen Bedürfnissen und damit von sich selbst. Diese Strategie der **Selbstverleugnung** wird oft begünstigt, wenn Introvertierte in ihrem Umfeld in der Minderheit sind oder das Gefühl haben, nicht „normal" zu sein (Löhken, 2022).

Eine weitere häufig angewandte Strategie ist die **Passivität,** bei der erwachsene Personen in negativen Situationen verharren oder diese aushalten, anstatt aktiv zu handeln und ihre Situation selbstbestimmt zu ändern. Die Vorliebe für routinierte Handlungen und gewohnte Abläufe verstärkt die Tendenz zur Passivität, da diese weniger Aufmerksamkeit erfordern und Energie im herausfordernden Alltag sparen.

Die Gefahr für Introvertierte, zu lange passiv zu verweilen, ist höher als für Extravertierte. Gründe dafür sind unter anderem der höhere Energieverbrauch, die längere Zeit für ihre Regeneration, kaum Gelegenheit für Alleinzeit im Arbeitsalltag, die stärkere Sicherheitsorientierung und die geringere Belohnungssensitivität.

Sie müssen abwägen: Auf der einen Seite das Verharren in Passivität und das Zusehen, wie andere proaktiv agieren, während man selbst übergangen wird. Und auf der anderen Seite das bewusste Einstehen für sich mit allen Kompetenzen und Fähigkeiten, um selbstwirksam die eigene Karriere und das eigene Leben zu gestalten.

Der aktive Weg, hin zu mehr Selbstbestimmung, bedarf zusätzlicher Aufmerksamkeit und Energie. Folgende Fragen können unterstützend wirken: Wie gehe ich bisher mit meiner vorhandenen Energie um? Wo verschwende ich meine Energie möglicherweise an „Zeitdiebe"? Welche Aktivitäten kosten mehr Energie, als sie bringen? Welche „Energiebooster" habe ich bisher genutzt, und wie könnte ich weitere schaffen? Bin ich bereit, in kleinen Schritten Veränderungen auszuprobieren? Bin ich offen dafür, dass selbstbestimmtes Entscheiden und Handeln mir möglicherweise Energie gibt?

Eine weitere Strategie zur Bewältigung von Herausforderungen ist die **Flucht** als Rückzugsverhalten. Dabei geht es darum, eine konkrete Situation, wie zum Beispiel einen Konflikt, zu verlassen, ein zu lautes Umfeld zu meiden oder in eine ablenkende Tätigkeit zu fliehen (Prokrastination). Flucht-Auslöser sind der Wunsch, Restenergie zu erhalten, Ängstlichkeit oder Bequemlichkeit (Löhken, 2022).

Die Flucht zu ergreifen ist eine bewusste Entscheidung. Aber was ist, wenn es nur äußerlich betrachtet so erscheint? Angenommen, eine introvertierte Führungskraft verlässt still den zu lauten Teamraum, um sich konzentrieren zu können. Dies könnte die Mitarbeitenden verunsichern oder auch verärgern. Besser wäre es, wenn die Führungskraft erklärt, dass sie kurz Ruhe zum Nachdenken benötigt und bald wieder auf das Team zukommt.

Fazit für die Praxis

Introvertierte Führungskräfte sollten sich ihrer bisher bevorzugten Bewältigungsstrategien und deren Auswirkungen bewusst werden. Selbstverleugnung, Passivität und Flucht mögen kurzfristig helfen, bergen jedoch langfristige Risiken für die persönliche Entwicklung und Arbeitsbeziehungen. Ein aktiverer Ansatz zur Selbstbestimmung erfordert zwar mehr Anstrengungen, bietet aber die Chance auf positive Veränderungen der eigenen Karriere und Lebensqualität.

3.3.2 Hilfreiche Strategien entwickeln

Keine der bisher aufgezählten Strategien bringt der introvertierten Führungskraft oder ihren Mitarbeitenden einen Mehrwert. Im Gegenteil, die ursächliche Situation oder der Konflikt bleiben dauerhaft ungelöst. Hinzu kommt, dass Führungskräfte neben ihren Mitarbeitenden auch für sich selbst verantwortlich sind, was sie häufig erst bei körperlichen Symptomen erkennen.

Um passende Strategien für die Führung von Mitarbeitenden und sich selbst zu entwickeln, bedarf es eines Blicks nach innen und außen, begleitet von steter Reflexion und Verhaltensänderung. Die erforderlichen Inhalte habe ich in Abb. 3.1 zusammengefasst.

Im folgenden Kapitel erläutere ich, wie die Entwicklung hilfreicher Strategien aussehen kann.

Abb. 3.1 Fünf Elemente
zur Entwicklung hilfreicher
Führungsstrategien

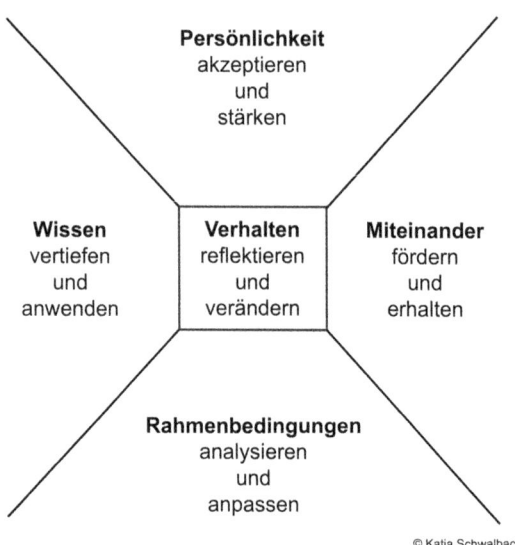

Persönlichkeit
akzeptieren
und
stärken

Wissen	**Verhalten**	**Miteinander**
vertiefen	reflektieren	fördern
und	und	und
anwenden	verändern	erhalten

Rahmenbedingungen
analysieren
und
anpassen

© Katja Schwalbach

Praxis: Passende Strategien für herausfordernde Situationen entwickeln

4

In drei Beispielen erläutere ich, wie sich Introvertierte als Führungskräfte weiterentwickeln können. Hierbei nutze ich die im vorherigen Kapitel (Abb. 3.1) dargestellten fünf Elemente als Struktur. Die Inhalte zu Persönlichkeit, Wissen, Rahmenbedingungen, Miteinander und Verhalten halte ich für wesentlich, jedoch sind sie keinesfalls abschließend.

4.1 Führungs- oder Fachkarriere?

Wenn Introvertierte durch ihre hervorragenden Leistungen auffallen, können sie, wie im folgenden Beispiel, für eine Führungsrolle in Betracht gezogen werden.

Beispiel: Ausgangssituation Führungs- oder Fachkarriere

Abteilungsleiter Fischer ist für insgesamt drei Teams verantwortlich. Bald wird eine der Teamleiterpositionen frei sein. Fischer entscheidet sich, Frau Wagner zu bitten, die Leitung dieses Teams zu übernehmen. Er hat Frau Wagner als äußerst fachkundige, zuverlässige und unaufgeregte Mitarbeiterin wahrgenommen. Als er sie gerade auf dem Flur sieht, bittet er sie spontan zu einem Gespräch, um ihr die freudige Nachricht persönlich mitzuteilen.

Überraschenderweise reagiert Frau Wagner nicht wie erwartet. Sie freut sich nicht, reagiert kaum auf das Angebot und verlässt Herrn Fischer am Ende des Gesprächs ohne eine Zusage. Herr Fischer fragt sich, ob er die richtige Wahl getroffen hat. Frau Wagner wirkte desinteressiert und abwesend. Offenbar möchte sie sich nicht für die Abteilung engagieren.◄

K. Schwalbach, *Introvertierte Führungskräfte*, essentials, https://doi.org/10.1007/978-3-662-69660-6_4

Wie hätte Frau Wagner eine für sich passende Strategie entwickeln können?

Persönlichkeit akzeptieren und stärken
Introvertierte haben oft eine weniger lebhafte Gestik und Mimik als Extravertierte. Dies führt dazu, dass dem Gegenüber hilfreiches nonverbales Feedback fehlt, was irritieren und leicht zu Fehlinterpretationen führen kann. Zudem denken Introvertierte meist länger nach, was für das Gegenüber unsichtbar ist.

Frau Wagner ist vermutlich parallel zum Zuhören sofort in die gedankliche Prüfung der Auswirkungen dieser neuen Stelle eingestiegen: Was würde sich alles ändern? Wie viel zusätzliche Energie (Ressourcen) würde die neue Aufgabe erfordern? Gibt es weiterhin Zeitfenster für konzentriertes Arbeiten allein? Bei diesen Fragen geht es letztlich darum, ob sich Frau Wagner die Aufgabe zutraut.

Die Gedanken dazu drehen sich im Kreis. Frau Wagner sollte das Folgende beachten:

Zunächst einmal muss sie erkennen und akzeptieren, dass sich ihr Energiemanagement aufgrund ihrer introvertierten Persönlichkeit von dem ihrer extravertierten Kollegen unterscheidet. Sie sollte ihre persönlichen „Energiefresser" identifizieren und „Energiebringer" nutzen, um eine gute Balance zu halten.

Des Weiteren sollte sie ihre Stärken und Fähigkeiten genau kennen und sich regelmäßig daran erinnern. In unsicheren Momenten können Rituale oder gedankliche Anker, die an persönliche Erfolge geknüpft sind und für andere unsichtbar bleiben, sie unterstützen.

Manchmal verdrängen neue bevorstehende Aufgaben oder das Gefühl einer höheren Verantwortung das Wissen um die eigenen Fähigkeiten und Kompetenzen. Selbstzweifel und Ängste können die Folge sein. In solchen Momenten könnte es ihr helfen, an das unterstützende Team zu denken und die Gewissheit zu haben, nicht alle Aufgaben allein erledigen zu müssen. Auch die Tatsache, dass Herr Fischer als Abteilungsleiter ihr die Stelle angeboten hat, sollte ihr zeigen, dass er ihr die Aufgabe zutraut.

▶ **Reflexion zur Persönlichkeit**

- Wie sehe ich mich selbst in Bezug auf eine Führungsrolle? Habe ich schon mal darüber nachgedacht, Führung zu übernehmen und bisher abgelehnt, weil ich es mir nicht zutraute?
- Möchte ich aktiv gestalten und mehr Verantwortung übernehmen? Bin ich bereit, Risiken zu tragen? Welche Vorteile bietet mir die neue Position und wie stehen sie im Verhältnis zu den neuen Herausforderungen?

Wissen vertiefen und anwenden
Introvertierte neigen dazu, tief in Themen einzutauchen und theoretisches Wissen anzueignen. Jedoch können in der ersten Führungsrolle Probleme bei der praktischen Anwendung auftreten, weshalb kontinuierliches Feedback entscheidend ist. Frau Wagner sollte sich nicht allein auf Selbstreflexion verlassen, sondern einen Mentor oder eine Mentorin finden, der oder die ihre Persönlichkeit versteht und sie in den ersten Monaten begleitet. Durch Fragen und das Aufzeigen von blinden Flecken kann sie von den Erfahrungen anderer profitieren und potenzielle Fehler vermeiden.

Rahmenbedingungen analysieren und anpassen
Die Rahmenbedingungen am Arbeitsplatz spielen für das Energiemanagement von Introvertierten eine entscheidende Rolle. Dazu zählen die Arbeitszeit, der Arbeitsort – sei es präsent, remote oder hybrid – sowie die Anzahl der Personen im Büro.

Oft werden Erwartungen vernachlässigt oder unausgesprochen gelassen. Ähnlich wie benannte Aufgaben oder Ziele bieten sie im Alltag eine Orientierung, die zu einem effizienteren Arbeiten führen und sich energiesparend auswirken kann.

Frau Wagner sollte die Rahmenbedingungen der angebotenen Stelle analysieren und sie mit ihren eigenen Bedürfnissen abgleichen. Bei Bedarf sollte sie sich aktiv für verbindliche Veränderungen einsetzen. Falls jedoch nicht alle Bedenken ausgeräumt werden können, könnten Herr Fischer und Frau Wagner auch eine Probezeit für die veränderten Rahmenbedingungen vereinbaren.

Miteinander fördern und erhalten
Für diesen Punkt aus der Struktur (Abb. 3.1) sollte sich Frau Wagner in eine Führungsrolle hineinversetzen, um zu prüfen, ob sie sich eine Teamführung vorstellen kann. Dafür könnte sie die folgenden Fragen nutzen:

▷   **Reflexion zur Zusammenarbeit im Team**

- Wie habe ich bisher Führung im Hinblick auf Teamförderung und -zusammenhalt erlebt? Was würde ich davon übernehmen, und was würde ich anders machen?
- Bin ich mir der Sandwichposition zwischen meinem Team und der nächsthöheren Führungsebene bewusst? Wie könnte es mir gelingen, erfolgreich mit den beteiligten Personen umzugehen?
- Wie würde ich mit Konflikten und kritischen Personalgesprächen umgehen?

Verhalten reflektieren und verändern

Aufgrund der geringeren Belohnungssensitivität bei Introvertierten wirken Status, Geld oder Einfluss weniger anziehend als für Extravertierte. Stattdessen schätzen Introvertierte eher selbstbestimmte, sinnhafte Arbeit und persönliche Weiterentwicklung.

Frau Wagner ist unsicher, ob sie für eine Führungsrolle geeignet ist, da sie nicht die gleichen Glücksgefühle wie ihre extravertierten Kollegen empfindet, wenn sie über eine Führungsposition nachdenkt oder eine solche von Herrn Fischer angeboten bekommt.

Deshalb sollte sich Frau Wagner ihre persönliche Definition von Erfolg überlegen, um ihr berufliches Leben nach ihren Vorstellungen zu gestalten. Erfolgreich zu sein bedeutet, das zu bekommen oder zu erreichen, was man sich gewünscht und wofür man Zeit und Kraft investiert hat. Dies kann die Villa am Stadtrand oder der Abschluss eines ehrenamtlichen Projekts sein. Natürlich spielen auch weitere Faktoren wie persönliche Voraussetzungen, Durchhaltevermögen und Unterstützung eine Rolle.

Zur Frage einer Fach- oder Führungskarriere gehört auch der persönliche Bezug zum Thema Macht. Oft ist der Begriff Macht mit negativen Gedanken belegt. Dabei bedeutet Macht auch, Verantwortung zu haben, und nur wenn man Verantwortung übernimmt, kann man Dinge selbst gestalten.

Fach- oder Führungskarriere?

1. Stellen Sie sich diese Frage, bevor sie Ihnen von Ihren Vorgesetzten gestellt wird.
2. Setzen Sie sich mit Ihrer introvertierten Persönlichkeit auseinander. (Persönlichkeit, Wissen)
3. Seien Sie sich bewusst, dass sich Ihr Verhalten und vor allem Ihre Ziele von extravertierten Menschen unterscheiden können. (Verhalten)
4. Überlegen Sie, was Sie benötigen, um eine Führungsposition übernehmen zu können. (Rahmenbedingungen)
5. Versetzen Sie sich in die Rolle der Mitarbeiterführung. (Miteinander)

Diese Gedanken bereiten Sie auf selbst initiierte oder zufällige Gespräche vor. Sie können sich für das Angebot und das damit verbundene Vertrauen bedanken und vielleicht erste Erwartungen besprechen. Am Ende können Sie bei Bedarf um eine kurze Bedenkzeit bitten.

Seien Sie mutig und vertrauen Sie darauf, dass Ihre Stärken als introvertierter Mensch sich hervorragend in der Führungsarbeit einsetzen lassen und gebraucht werden.

4.2 Den Führungsalltag bewältigen: Zwischen Besprechungen, Telefon und E-Mails

Mit dem Wechsel von einer sachbearbeitenden Tätigkeit in eine Führungsposition ändern sich, wie im folgenden Beispiel, die fachlichen und persönlichen Anforderungen, der Verantwortungsbereich und unter Umständen die Präsenzzeiten.

Beispiel: Ausgangssituation Führungsalltag bewältigen

Herr Noack hat vor wenigen Wochen die Leitung eines acht-köpfigen Teams als erste Führungsrolle übernommen. Besprechungen zu diversen Projekten mit seinem Team und innerhalb der Abteilung machen einen wesentlichen Teil seiner Arbeitszeit aus. Zwischen den Terminen versucht Herr Noack alle seine E-Mails zu bearbeiten, doch die Zahl der unbearbeiteten Nachrichten steigt stetig an. Die Einzelgespräche mit seinen Mitarbeitenden, die er sich zum Einstieg vorgenommen hatte, musste er immer wieder verschieben. Zeit für die strategische Überplanung der Projekte hat er sich bisher nicht nehmen können, obwohl dies zwingend erforderlich wäre, um fundierte Entscheidungen treffen zu können.

Herr Noack hat immer qualitativ hochwertige Arbeit abgeliefert, was ihm nun bei der Vielzahl der Termine und Aufgaben immer schwerer fällt. Er fühlt sich wie im Hamsterrad und hat kaum noch Kraft. An den Wochenenden ruht er sich nur aus, um die kommende Arbeitswoche zu überstehen. Seine Kolleginnen und Kollegen scheinen viel belastbarer als er zu sein. Herr Noack beginnt an seinen Fähigkeiten als Teamleiter zu zweifeln und überlegt, die Position wieder aufzugeben.◄

Wie könnte Herr Noack für sich passende Strategien entwickeln?

Persönlichkeit akzeptieren und stärken
Die Art und Weise, Energie zu regulieren, ist der entscheidende Unterschied zwischen intro- und extravertierten Menschen. Introvertierte gewinnen ihre Energie durch Rückzug nach innen, zum Beispiel durch konzentrierte Einzelarbeit, während

Extravertierte im Kontakt mit anderen Menschen Energie tanken, beispielsweise in Teamgesprächen.

Mit Blick auf den Führungsalltag bedeutet das, dass es für Introvertierte viel mehr Situationen mit hoher sozialer Stimulation gibt, wie Besprechungen, Gespräche mit Mitarbeitenden und gemeinsame Pausen, als die Möglichkeit ruhiger konzentrierter Arbeit. Das Management der Ressource „Energie" erfordert daher für Introvertierte viel mehr Aufmerksamkeit als für Extravertierte.

Um ein gutes Energielevel im Arbeitsalltag aufrechtzuerhalten, sollte Herr Noack Folgendes beachten:

Erstens sollte er sich bewusst sein, dass Introvertierte in sozialen Situationen Energie verbrauchen, und dies völlig normal ist.

Zweitens ist es wichtig, dass er sein Energielevel kontinuierlich einschätzen kann, indem er sich fragt, bei welchem Wert zwischen 0 und 10 er sich befindet. Dadurch kann er drittens priorisieren, welche Aufgabe er als nächste angeht oder ob er eine Pause braucht.

Die Beantwortung der folgenden Fragen kann dabei helfen, die individuellen energetischen Bedürfnisse zu kennen und im Alltag auch kurzfristige Lösungen umzusetzen. Es ist wahrscheinlich, dass es gerade zu Beginn nicht für jede Situation eine vorbedachte Lösung gibt. In diesen Momenten ist es wichtig, dranzubleiben und den wohlwollenden Kontakt zum eigenen Körper nicht zu verlieren.

▷   **Reflexion zum Energiemanagement**

- Wann habe ich mein Energiehoch? Wie nutze ich diese Zeit? Was energetisiert mich?
- Welche Aktivitäten geben mir Energie („Energiegeber") und welche rauben sie mir („Energiefresser")?
- Wo liegt mein Energielevel auf einer Skala von 1 bis 10? Was könnte ich tun, um in der Skala x-Werte höher zu kommen?
- Was hat zu meinem niedrigen/hohen Energielevel beigetragen? Welche Erkenntnisse kann ich daraus ziehen?
- Wie reagiere ich, wenn ich zu wenig Energie habe (zum Beispiel durch Rückzug, sachliche Kühle oder gereizte Reaktionen gegenüber anderen)?

Einen großen Einfluss auf das eigene Energieniveau hat der Anspruch an sich selbst und an Mitarbeitende. Ein hoher Anspruch in allen Lebensbereichen deutet auf das Persönlichkeitsmerkmal des Perfektionismus hin.

Wer einen perfektionistischen Anspruch an die eigene Leistung hat, empfindet selten, dass etwas „gut genug" ist. Selbst bei Erfolgen zweifeln Perfektionisten oft daran, ob sie es sich zu leicht gemacht oder äußere Umstände dazu beigetragen haben. Dies führt dazu, dass sie die Messlatte immer höher legen, bis sie entweder an ihren eigenen Ansprüchen scheitern oder sich gar nicht erst zum Handeln motivieren können.

Menschen mit perfektionistischer Veranlagung zeigen häufig einen ernsten Gesichtsausdruck, wirken körperlich angespannt und strahlen eine unnahbare oder distanzierte Aura aus. Dieses Verhalten erschwert den Aufbau eines vertrauensvollen Kontakts auf der Beziehungsebene und beeinträchtigt die zwischenmenschliche Interaktion erheblich. Gesprächspartner fühlen sich oft unter Druck gesetzt, den hohen Ansprüchen gerecht zu werden, und möchten nichts falsch machen, um keine Kritik zu ernten (Struss, 2022a).

Ursächlich für dieses Verhalten ist die Angst vor fehlerhafter Leistung. Perfektionisten gehen (unbewusst) davon aus, dass Fehler ihre Anerkennung und Wertschätzung als Mensch gefährden. Sie können die Bewertung ihres situativen Verhaltens nicht von ihrer eigenen Person trennen. Daher versuchen sie, durch perfektionistisches Verhalten einer möglichen Blamage oder Kritik vorzubeugen (Struss, 2022b).

Was bedeutet das nun für Herrn Noack? Obwohl er Verantwortung übernimmt und bestrebt ist, alle Details zu berücksichtigen, stößt er an seine Grenzen. Seine intensive Vorbereitung und komplexe Analyse entsprechen zwar seinen Stärken, jedoch ist diese Vorgehensweise zeitlich und energetisch nicht tragbar. Daher sollte Herr Noack seine Einstellung und sein Verhalten überdenken.

▶   **Reflexion zum Umgang mit übermäßiger Perfektion**

- Klare Ziele setzen: Was will ich erreichen? Versuche ich anderen etwas zu beweisen?
- Selbstsabotage vermeiden: Sind meine Ansprüche so hoch, dass sie mich immer wieder scheitern lassen?
- Realistische Erwartungen haben: Wo liegt das richtige Maß meines Anspruchs? Setze ich mich unnötig unter Druck?
- Prioritäten setzen: Welche Aufgaben sind wirklich wichtig und dringend?
- Experimentieren: Wie weit kann ich die Intensität meiner Vorbereitungen reduzieren, ohne die Qualität meiner Beiträge zu mindern?

- Um Hilfe bitten: Wie kann ich Unterstützung annehmen? Wer hilft mir, realistischere Ziele zu setzen und mit weniger Perfektion zufrieden zu sein?

Ein weiterer wichtiger Aspekt, der stark auf die persönliche Ebene einwirkt, ist das Selbstbewusstsein basierend auf Selbstvertrauen. Selbstbewusstsein bezeichnet das Bewusstsein für und das Vertrauen in die eigenen Fertigkeiten, Fähigkeiten und Problemlösungskompetenzen, um selbstsicher auftreten zu können.

Selbstbewusstsein entwickelt sich bei jedem Menschen individuell im Laufe seiner Entwicklung. Einige Menschen gründen ihr Selbstbewusstsein auf äußere Faktoren wie gute Noten, Statussymbole, beruflichen Erfolg, sportliche Leistungen oder materiellen Besitz. Doch diese äußeren Faktoren fühlen sich bei genauerer Betrachtung oft leer an und sind nicht kontrollierbar. Menschen mit „echtem" Selbstbewusstsein vertrauen auf ihre Fähigkeiten und Kompetenzen, die ihnen überall, unabhängig von äußeren Umständen, zur Verfügung stehen, und erkennen ihren eigenen Wert als Person an.

Ein wichtiger erster Schritt für Herrn Noack wäre es, situatives (Fehl-) Verhalten von seinem Selbstwert als Person zu trennen. Dies unterstützt eine positive Veränderung seines Selbstbildes und fördert sein Selbstwertgefühl.

Um sein Vertrauen in vorhandene Stärken und Kompetenzen zu intensivieren, sollte Herr Noack eine Liste seiner beruflichen und privaten Erfolge fertigen. Dabei kann ein Perspektivwechsel hilfreich sein: Worauf wären vermutlich andere Personen stolz gewesen? In welchen Situationen haben Menschen anerkennende Worte gefunden oder erstaunt gewirkt? Natürlich kann sich Herr Noack auch Feedback von Kollegen, Freunden oder der Familie einholen: Was schätzt du besonders an mir?

Diese Schritte können Herrn Noack unterstützen, sein Selbstvertrauen zu stärken und sein Selbstbewusstsein zu festigen, was essenziell ist, um seine Grenzen zu schützen und für eigene Ziele einzustehen.

Wissen vertiefen und anwenden

Eine bewährte Methode, um als Führungskraft mehr Zeit für strategische Aufgaben zu gewinnen, besteht darin, Aufgaben an Mitarbeitende zu delegieren. Dabei wird Verantwortung und Handlungsbefugnis an Mitarbeitende übertragen, während die Gesamtverantwortung und das Risiko bei der Führungskraft verbleiben – Delegation gilt somit als Vertrauensvorschuss.

Herr Noack könnte beispielsweise damit beginnen, dringende, aber weniger wichtige Routineaufgaben zu delegieren, und basierend auf den qualitativen Ergebnissen schrittweise die Wichtigkeit erhöhen. Zusätzlich zu klassischen Zeitmanagementmethoden wie der Eisenhower-Matrix kann der Aufbau und die Pflege eines starken Netzwerks im Arbeitsumfeld sehr unterstützend sein. In Organisationen existieren zahlreiche informelle Regeln und hintergrundbezogenes Wissen über Abläufe und bestehende Beziehungen. Ein gut gepflegtes Netzwerk kann dazu beitragen, Synergieeffekte zu erzielen und Aufgaben effektiver zu erledigen. Besonders für neue Führungskräfte ist es wichtig, realistische Ziele zu setzen und zu wissen, wo es sich lohnt, Zeit und Energie zu investieren.

Der Austausch von fachlichen Einschätzungen, persönlichem Feedback und Meinungen mit vertrauensvollen Kontakten kann Herrn Noack in seiner persönlichen und beruflichen Entwicklung unterstützen. Beim Aufbau und der Pflege eines solchen Netzwerks kann Herr Noack seine interaktiven Stärken nutzen.

Rahmenbedingungen analysieren und anpassen
Der Einfluss der Arbeitsumgebung auf Gesundheit und Produktivität ist besonders für introvertierte Menschen mit hoher Neurosensitivität wichtig. Laute Hintergrundgeräusche wie Musik und Stimmengewirr können leicht zu Überstimulation führen und die Konzentration beeinträchtigen. Daher sind Zeitblöcke für ruhige Einzelarbeit essenziell, um die Produktivität zu steigern und die eigenen Batterien aufzuladen.

> ▶ **Reflexion zur Arbeitsumgebung** Welche Umgebung bräuchte ich, um kreativ und effizient zu arbeiten? Wie kann ich meine Arbeitsumgebung entsprechend gestalten? Nehme ich mir ausreichend Zeit und Raum für konzentrierte Einzelarbeit? Wie könnten Home-Office-Tage meine Effizienz steigern, und wie viele pro Woche wären für mich optimal?

Es reicht nicht aus, dass Herr Noack seine eigenen Bedürfnisse kennt; er muss sie auch für sich anerkennen und gegebenenfalls mit Entscheidungsträgern besprechen, wenn er Veränderungen nicht eigenverantwortlich anstoßen kann. Falls Herr Noack darin noch ungeübt ist, kann es hilfreich sein, aufzuschreiben, um was er bitten möchte. Dazu könnte er mögliche Einwände seines Chefs überlegen und seine Gegenargumente formulieren, um gut vorbereitet in das Gespräch zu gehen.

Zu den Rahmenbedingungen gehört auch der Umgang mit Unterbrechungen. Wenn Herr Noack an seinem Schreibtisch sitzt und E-Mails bearbeitet, wird er oft von Mitarbeitenden angesprochen. Die ständigen Wechsel zwischen den Themen kosten nicht nur Energie, sondern auch Zeit und können ärgerlich sein, was der fragende Mitarbeiter möglicherweise durch die Einsilbigkeit der Antwort spürt. Eine mögliche Lösung könnte ein Türschild sein, welches deutlich macht, wann Herr Noack Zeit für konzentriertes Arbeiten benötigt und nur bei sehr dringenden Fragen gestört werden möchte.

Miteinander fördern und erhalten
Zwischen Termindruck, unvorhergesehen Besprechungen und einer Vielzahl von Informationen fällt es Herrn Noack schwer, zwanglose Gespräche mit einzelnen Mitarbeitenden zu führen. Auch Aktivitäten wie gemeinsame Essen außerhalb des Arbeitskontextes, um den Teamzusammenhalt zu stärken, sind zeitlich kaum möglich. Um den Kontakt zum Team und das Vertrauen nicht zu verlieren, helfen zunächst klare Strukturen sowie transparente Regeln und Erwartungen, die sich an den Zielen des Unternehmens und des Teams orientieren. Offenheit seitens Herrn Noack gegenüber den gestellten Anforderungen fördert das Verständnis im Team und generiert möglicherweise unterstützende Ideen.

Trotz der begrenzten Zeit sollte Herr Noack seinem aktuellen Gegenüber immer seine gesamte Aufmerksamkeit schenken. Gegebenenfalls kann er zu Beginn des Gesprächs sagen, wie viel Zeit er zur Verfügung hat.

Verhalten reflektieren und verändern
Jeder Mensch hat individuelle Grenzen, die von Bedürfnissen, Erfahrungen, Werten und Überzeugungen abhängig sind. Um anderen Menschen Grenzen setzen zu können, muss man die eigenen Bedürfnisse und Werte genau kennen und sich dafür entscheiden, sie zu schützen. Das Setzen von Grenzen zeigt, wofür wir stehen, und bewirkt beim Gegenüber Respekt, weil wir uns selbst respektieren. Allerdings gibt es auch Menschen, die Grenzen von anderen nicht akzeptieren und emotionalen Druck ausüben, um ein schlechtes Gewissen zu erzeugen und das zu bekommen, was sie möchten.

Wie könnte Herr Noack seine Grenzen schützen?

- Zeit zum Nachdenken nehmen: Er könnte rückfragen, ob er sich später melden oder eine Nacht darüber schlafen könne.
- Unmittelbare Kommunikation: Er könnte sagen, was er sich vom Gegenüber beim nächsten Treffen wünscht und wie er sich wünscht, dass das Gespräch verlaufen soll.

- Anwendung der Gewaltfreien Kommunikation[1]: Herr Noack könnte die vier Schritte der Gewaltfreien Kommunikation anwenden, indem er objektiv beobachtet, was passiert ist, sein Bedürfnis ausdrückt und sagt, wie er sich fühlt. Anschließend könnte er um eine konkrete Handlung bitten oder einen Wunsch für ein zukünftiges Ereignis formulieren.

Für Herrn Noack ist es wichtig, aktiv Grenzen zu setzen, um seine Energie zu schützen und effektiv arbeiten zu können. Wenn ihm dies nicht gelingt, könnte er sich irgendwann überfordert fühlen und seine Arbeitsfähigkeit beeinträchtigt werden.

Was könnte Herr Noack helfen, wenn er sich überfordert fühlt?

- Sich den Augenblick vergegenwärtigen: Fragen wie „Was rieche ich? Was schmecke ich? Was taste ich? Was sehe ich? Was höre ich? Wie fühlt sich mein Körper an?" können helfen, im Hier und Jetzt anzukommen.
- Eine bewusste Atmung, um sich zu beruhigen und zu entspannen.
- Sich beruhigend zureden und sich an bereits bewältigte Herausforderungen erinnern.
- Aufhören, sich selbst für den aktuellen Zustand zu kritisieren.
- Die Fähigkeit, eine große Menge an Informationen aufzunehmen, als wertvoll anerkennen und sich erinnern, dass dies bereits in vielen Situationen von Vorteil war.

Den Führungsalltag bewältigen

1. Managen Sie Ihre Energie wie Ihre beruflichen Aufgaben und werden Sie zum Wächter Ihrer Energiereserven. (Persönlichkeit)
2. Entwickeln Sie einen gesunden Anspruch und stärken Sie Ihr Vertrauen in Ihre vorhandenen und sich weiterentwickelnden Fähigkeiten. (Persönlichkeit)
3. Delegieren Sie und konzentrieren Sie sich auf wichtige und zeitkritische Aufgaben. (Wissen)
4. Bauen Sie unterstützende Netzwerke innerhalb Ihrer Organisation auf. (Wissen)
5. Prüfen Sie, ob Büro und Abläufe Ihren Bedürfnissen entsprechen und passen Sie sie gegebenenfalls an. (Rahmenbedingungen)

---

[1] Gewaltfreie Kommunikation ist ein Kommunikations- und Konfliktlösungsprozess; Interessierte finden hier eine Einführung: Rosenberg, M. (2016). *Gewaltfreie Kommunikation: eine Sprache des Lebens* (I. Holler, Übers.; 12. Aufl.). Junfermann.

6. Finden Sie eine Methode, um Unterbrechungen zu minimieren. (Rahmenbedingungen)
7. Schaffen Sie in Ihrem Team klare Strukturen mit transparenten Regeln
   und Erwartungen. (Miteinander)
8. Setzen Sie klare Grenzen und verteidigen Sie diese. (Verhalten)
9. Lernen Sie Mechanismen zur Regulierung von Überstimulation, um sich
   besser zu fokussieren. (Verhalten)
10. Bedenken Sie, dass Verhaltensänderungen Zeit brauchen und ein kontinu-
    ierliches Bemühen erfordern, um sich zu automatisieren.

4.3   Mitarbeiterführung

Es gibt unterschiedliche Ansichten darüber, was „Führung" bedeutet. Um ein
besseres Verständnis der folgenden Erläuterungen zu ermöglichen, möchte ich
kurz meine Auffassung von Führung skizzieren:

Die Führung von Mitarbeitenden erfordert ein flexibles, situationsangepasstes
Verhalten, um Weiterentwicklung für die einzelnen Mitarbeitenden und das Team
zu erreichen, und ein produktives Ergebnis herbeizuführen. Dies bedarf bewusster
Interaktionen, um die Beziehungen zu und zwischen den Mitarbeitenden positiv
zu gestalten.

Beispiel: Ausgangssituation Mitarbeiterführung

Herr Steiner hat vor zwei Monaten die Leitung eines Teams mit 13 Mitarbeitenden übernommen. Er hat sich fachlich gut eingearbeitet und seinen
Arbeitsalltag strukturiert. Nun erfuhr er informell, dass zwei seiner leistungs-
stärksten Mitarbeiter Gespräche über einen möglichen Wechsel zu anderen
Teams führen.

In den vergangenen Wochen hat Herr Steiner bemerkt, dass sich beide
Mitarbeiter etwas zurückgezogen haben, obwohl ihre Leistung weiterhin ein-
wandfrei ist. Diese Entwicklung ärgert Herrn Steiner, der sich fragt, was mit
den beiden Kollegen los ist.◄

Wie könnte Herr Steiner für sich passende Strategien in der Mitarbeiterführung
entwickeln?

Persönlichkeit akzeptieren und stärken
Unser Handeln wird in jeder Rolle, sei es als Chef, Partner, Vater oder Sohn, von persönlichen Werten geprägt. Jede Rolle hat ihre eigenen zugehörigen Werte, wobei etwa Solidarität oder Ehrlichkeit in mehreren Rollen relevant sein können. In Situationen, in denen wir nur begrenzte Informationen haben, um Entscheidungen zu treffen, dienen Werte als Leitplanken für unser Handeln und wir lassen uns von ihnen leiten.

Herr Steiner sollte sich seiner Werte in der Rolle als Chef bewusst sein, um sein Gefühl von Ärger schneller analysieren und auflösen zu können. Das Gefühl des Ärgers entsteht oft, wenn das Verhalten eines Gegenübers nicht mit den eigenen Werten übereinstimmt. Herr Steiner ärgert sich, weil Ehrlichkeit und Solidarität für ihn einen hohen Stellenwert haben und er erwartet hätte, dass seine Mitarbeitenden zunächst mit ihm sprechen. Diese Erkenntnis mindert die Intensität des Gefühls, sodass die Situation für Herrn Steiner leichter mit den Mitarbeitern besprechbar ist.

Werte und innere Haltung manifestieren sich im aktiven Handeln. Die Haltung eines Menschen ist entscheidend dafür, wie er seine Umgebung betrachtet und emotional bewertet. Wie Covey (2016) feststellte: Jeder Mensch sieht die Welt so, wie er ist, nicht wie die Welt ist.

Um sich seiner inneren Haltung bewusst zu werden und sie gegebenenfalls zu verändern, kann Herr Steiner sich folgende Fragen stellen:

▶ **Reflexion der Haltung gegenüber Mitarbeitenden**

- Wie betrachte ich meine Mitarbeitenden? Gehe ich davon aus, dass sie den Wunsch und die Fähigkeit zur Weiterentwicklung haben?
- Trete ich meinen Mitarbeitenden auf Augenhöhe oder von oben herab gegenüber?
- Sehe und akzeptiere ich die Vielfalt ihrer Stärken? Schätze ich die individuellen Stärken jeder und jedes Einzelnen? Kann ich Unterschiede, auch im Vergleich mit mir selbst, anerkennen und gelten lassen?

Wissen vertiefen und anwenden
Um als Führungskraft effektiv soziale Interaktionen zu gestalten und Teams zu führen, ist ein breites Wissen erforderlich. Drei zentrale Themengebiete sind dabei besonders wichtig:

- Kommunikationspsychologie, welche Konzepte wie das „Eisbergmodell" (Watzlawick, 2016) und die „Vier Seiten einer Nachricht" (Schulz von Thun, 2003) umfasst, sowie spezielle Themen wie virtuelle Führung (Müller, 2018).
- Konfliktmanagement, das sich mit der Diagnose und Behandlung von Konflikten befasst und auf Werke wie von Glasl (2020) und Schulz von Thun (2003) zurückgreift.
- Team-Dynamik, die sich mit der Teamentwicklung anhand des Tuckman-Modells und der Teamanalyse beschäftigt (Stahl, 2017).

Doch welche Kenntnisse sind besonders für introvertierte Führungskräfte von Bedeutung?

Ein wesentlicher Bestandteil der Mitarbeiterführung sind Team-Besprechungen, die keine reine Informationsweitergabe sein sollten. Solche Besprechungen erfordern einen Moderator, der die Tagesordnung strukturiert und gewährleistet, dass das jeweilige Ziel in der Diskussion im Blick bleibt. Schwierig wird es, wenn die Führungskraft gleichzeitig in beiden Rollen agiert, was zu einem Rollenkonflikt führen kann. Um dafür zu sorgen, dass Mitarbeitende sich nicht selbst zensieren, ist es wichtig, die Rollen explizit zu trennen und ein vertrauensvolles Klima zu schaffen (Fischer, 2013).

Mit dem Ziel, Besprechungen effizient zu leiten und zu einem guten Ergebnis zu kommen, benötigt Herr Steiner Struktur und ein Gespür für den „Puls" des Teams. Um den „Puls" des Teams positiv zu beeinflussen, können folgende Maßnahmen hilfreich sein:

- Die Bereitschaft, einander verstehen zu wollen.
- Aktives Zuhören.
- Sensibilität für potenzielle Konflikte und das Ansprechen dieser.
- Die Fähigkeit, Vielredner einzufangen und zurückhaltende Mitarbeitende zu ermutigen, sich einzubringen.

Herr Steiner kann dabei seine introvertierten Stärken wie Analyse, Unabhängigkeit, Substanz, Zuhören, Empathie und Vorsicht optimal nutzen.

Diese Stärken sind auch für Feedbackgespräche nützlich, sei es zur Anerkennung oder Kritik. Feedback-Geben und -Empfangen sind soziale Techniken, die darauf abzielen, dem Gegenüber mitzuteilen, wie sein Handeln wahrgenommen wird und ob es beibehalten oder geändert werden sollte.

Feedback dient somit als Grundlage für verschiedene Zwecke:

- Information zur Erreichung oder Verfehlung eines Zieles,

- Unterstützung im Lernprozess,
- Motivation sowie Bestätigung oder Veränderung des Selbstbilds (Hug, 2013).

Feedback ist ein äußerst wirksames, aber auch anspruchsvolles Führungsinstrument. Warum ist das so? Zunächst erfordert es eine genaue Beobachtung und Konkretisierung dessen, was gefällt oder missfällt. Zweitens transportiert der Feedbackgeber seine eigenen Einschätzungen und Absichten und muss sich möglicherweise einer Diskussion oder sogar einem Konflikt stellen.

Wie könnte Herr Steiner Feedback geben? Es ist wichtig, dass Herr Steiner unmittelbar, vorzugsweise unter vier Augen, reagiert und seine Rückmeldungen nicht für das Jahresgespräch aufhebt. Auch gleichmäßig gute Arbeitsergebnisse, wie die seiner beiden Mitarbeiter, sollte er regelmäßig anerkennend beachten. Die Würdigung von Leistung ist die wirksamste Methode, um Mitarbeitende zu motivieren. Herr Steiner sollte auch bedenken, dass gerade extravertierte Mitarbeitende stärker durch äußere Einflüsse, wie positives Feedback, motiviert werden.

Ein weiterer wichtiger Punkt, der positives wie negatives Feedback betrifft, ist, über die Tätigkeit oder die Leistung zu sprechen und nicht über die Person. Das bedeutet, das Verhalten und dessen Folgen sachlich und rational zu begründen und klar von der Bewertung der Person zu trennen.

In Kritikgesprächen sollte Herr Steiner dem Mitarbeitenden eine Möglichkeit bieten, Stellung zu beziehen. Er sollte ihm oder ihr anbieten, gemeinsam nach Ursachen für das Verhalten zu suchen, Lösungen zu finden und dann Maßnahmen zu vereinbaren.

Rahmenbedingungen analysieren und anpassen
Zu den Rahmenbedingungen der Führungsarbeit gehören Fristen und der damit verbundene Zeitdruck. Führungskräfte reagieren unterschiedlich darauf. Einige sind am leistungsfähigsten, wenn sie unter Druck stehen und mehrere Aufgaben gleichzeitig bearbeiten. Andere fühlen sich schnell überwältigt, wenn sie unter Zeitdruck stehen und mehrere Aufgaben parallel erledigen müssen. Herr Steiner gehört zu denjenigen, für die plötzlicher Zeitdruck eher ein Problem darstellt.

Um den Termindruck zu bewältigen, könnte Herr Steiner Folgendes tun:

- Die Aufträge in kleinere Aufgaben aufteilen, priorisieren und Termine zur Erledigung im Kalender eintragen.
- Die erforderliche Zeit zur Abarbeitung der Teilaufträge im Kalender blocken.
- Unterbrechungen für diese Zeiträume vermeiden, zum Beispiel mit einem Türschild oder Umleitung des Telefons.
- Zeitliche Puffer einplanen.

- Wohlwollend mit sich selbst umgehen: Sich nicht ärgern, wenn es zeitlich nicht möglich war, und stattdessen für den nächsten Tag realistischere Ziele setzen.
- Sich für Etappenziele belohnen.

Um sich zeitlich zu beschränken, könnte der Gedanke an das Parkinson'sche Gesetz helfen: „Arbeit dehnt sich in genau dem Maß aus, wie Zeit für ihre Erledigung zur Verfügung steht." (Parkinson, 1955, S. 635).

Zu den organisatorischen Rahmenbedingungen gehört die Frage der Führungsspanne. Möglicherweise wäre es für Herrn Steiner hilfreich, in seinem 13-köpfigen Team kleinere, fachlich passende Bereiche zu bilden und jeweils fachlich verantwortliche Personen festzulegen. So müsste sich Herr Steiner nicht in allen Fachthemen umfassend auskennen und könnte sich stärker auf die Teamführung und strategische Fragen konzentrieren.

Eine wirksame Entlastung für Herrn Steiner könnte darin bestehen, eine starke Vertretungsperson aufzubauen. Das könnte ihm bei Terminkollisionen in der priorisierten Terminabwägung, etwa zwischen Meetings oder erforderlicher Arbeit am Schreibtisch, deutlich helfen.

Miteinander fördern und erhalten

Um die Zusammenarbeit im Team zu fördern und aufrechtzuerhalten, sind folgende beziehungsorientierte Fähigkeiten entscheidend:

Empathie Bezeichnet die Fähigkeit, sich in die Perspektive einer anderen Person hineinzuversetzen, ihre Gefühle zu verstehen und Verständnis zu vermitteln (Amar, 2013). Durch dieses Gefühl des Verstandenwerdens entwickelt sich eine stärkere Beziehung zu den Mitarbeitenden.

Vertrauen Das ist entscheidend für den Aufbau einer positiven Arbeitsbeziehung. Die Führungskraft muss in einer asymmetrischen Machtverteilung einen Vertrauensvorschuss geben und das Risiko eingehen, enttäuscht zu werden (Neubauer & Rosemann, 2006). Fehlendes Vertrauen kann dazu führen, dass Mitarbeitende sich aus Selbstschutz zurückziehen.

Glaubwürdigkeit Zeigt sich in der Konsistenz zwischen verbalem und nonverbalem Verhalten sowie in der Einhaltung gemachter Zusagen.

Verantwortungsübernahme Bedeutet, dass die Führungskraft die Verantwortung für ihr Handeln sowie für das Team gemäß ihrer Rolle übernimmt.

Delegation Beinhaltet die Übertragung von Aufgaben sowie die zugehörige Handlungsverantwortung. Dabei gibt die Führungskraft einen Teil ihrer Machtbefugnis ab, was ein Vertrauensvorschuss ist, behält jedoch die Gesamtverantwortung (Laufer, 2007).

Herr Steiner kann das Vertrauen zwischen ihm und seinem Team weiter stärken, indem er verantwortungsvolle Aufgaben delegiert und entsprechendes Feedback gibt. Dabei ist es wichtig, sich glaubwürdig zu verhalten und klare Erwartungen zu formulieren. Auf diese Weise legt er den Rahmen für die Aufgabenerledigung fest und vermeidet unnötige Fehlleistungen.

Die beziehungsorientierten Fähigkeiten sollten um folgende Punkte ergänzt werden, die das Miteinander fördern und erhalten:

Fühlen Sie den „Puls" des Teams Je vertrauensvoller die Zusammenarbeit, desto besser gelingt es, den „Puls" des Teams und einzelner Mitarbeiter zu fühlen. Damit ist gemeint: Wie ist die Stimmung im Team? Wie geht es den einzelnen Mitarbeitenden im Hinblick auf die Quantität und Qualität ihrer Aufgaben – sind sie überlastet oder unterfordert? Gibt es offene oder unausgesprochene Konflikte im Team?

Optimierung des Erregungsniveaus Basierend auf diesen Erkenntnissen kann Herr Steiner die Mitarbeitenden dabei unterstützen in ihrem optimalen Niveau zu arbeiten. Das Erregungsniveau bezieht sich auf den physiologischen Aktivierungsgrad des Nervensystems. Eine zu geringe Aktivierung wird durch Langeweile, fehlende Motivation und Müdigkeit beschrieben, während bei einem zu hohen Erregungsniveau Mitarbeitende unkonzentriert sind, sich aufgrund der Überforderung gestresst fühlen und möglicherweise Angst bis hin zu Panik verspüren. In beiden Extremen ist keine effektive Leistung möglich, daher ist ein individuell ausgewogenes Niveau anzustreben.

Small Talk Diese Fähigkeit ist wichtig, um den „Puls" des Teams zu beeinflussen. Viele Introvertierte empfinden Small Talk als anstrengend und oberflächlich, da es oft als belangloses „Geplauder" wahrgenommen wird, dass sie weder wollen noch, wie sie oft selbst sagen, beherrschen.

Dennoch ist Small Talk erlernbar und spielt eine entscheidende Rolle als Einstieg, um Kontakt zu knüpfen und eine positive Atmosphäre zu schaffen, was wiederum die Grundlage für gute inhaltliche Ergebnisse des folgenden (Fach-) Gesprächs bildet. Weiterhin dient Small Talk als Mittel, um in einer (Besprechungs-)Situation anzukommen. Durch das gegenseitige sprachliche Abtasten kann man das Gegenüber in seiner momentanen Gemütslage besser einschätzen und gegebenenfalls dazu beitragen, die Stimmung zu verbessern.

Insofern würde es sich für Herrn Steiner lohnen, sich auf den Small Talk mit seinem Team und seinen Vorgesetzten vorzubereiten.

▶ **Reflexion zur Vorbereitung auf Small Talk**

- Wie könnte ich einen Bezug zur Örtlichkeit des Treffens herstellen: Haben Sie schon etwas von den Snacks probiert? Haben Sie den Weg gut gefunden?
- Was interessiert mich am Gegenüber: Haben Sie einen Lieblingsmusikstil oder einen bevorzugten Künstler? Können Sie ein Restaurant empfehlen? Wohin gehen Sie am liebsten Essen?
- Ich möchte eine neue Serie schauen / Buch lesen: Haben Sie eine Empfehlung, die Sie teilen möchten?
- Ich höre gerade … Welchen Podcast hören Sie gern? Können Sie diesen empfehlen?
- Was könnte ich selbst von mir erzählen: Urlaub, Hobby, Sport, Wochenende?

Herr Steiner sollte sich mutiger zeigen und mehr von sich erzählen. Persönliche Motivationen, Meinungen und Details machen ihn als Mensch greifbar und bieten dem Gegenüber Anknüpfungspunkte für tiefgreifendere Gespräche, die das Vertrauen stärken.

Verhalten reflektieren und verändern

Wenn zwei Menschen aufeinandertreffen, neigen sie dazu, einander sofort unbewusst zu kategorisieren. Diese mentalen „Schubladen" helfen unserem Gehirn, sich schnell zu orientieren und sind Teil unseres natürlichen Prozesses. Wenn zu diesen Kategorien positive oder negative Bewertungen hinzukommen, spricht man von Vorurteilen. Ein Beispiel hierfür wäre: „Die da oben in ihren schicken Anzügen kassieren dicke Kohle, sind arrogant und wissen nicht, was hier unten wirklich läuft."

Vorurteile verzerren systematisch die Wahrnehmung – ein Phänomen, das als bias bezeichnet wird. Ist diese Verzerrung der betreffenden Person nicht bewusst, spricht man vom unconscious bias. Mehr als 175 kognitive Verzerrungen sind bekannt, darunter auch der similar-to-me-bias oder Mini-me-Effekt genannt. Dieser beschreibt die Tendenz, Personen, die man in einer Weise als sich selbst ähnlich wahrnimmt, positiver zu beurteilen und eher ablehnend auf Gegenpole zu reagieren (Domsch et al., 2019).

Um seiner Rolle gerecht zu werden und ein diverses Team zu führen, sollte Herr Steiner sich bewusst sein, welche Vorurteile er möglicherweise hat. Dies kann gelingen, indem er Gespräche und sein Verhalten auf einer Metaebene reflektiert und seine Wahrnehmung sowie seine Handlungsabsicht analysiert. Indem er sich dieser Vorurteile bewusst wird, kann er aktiv daran arbeiten, eine objektivere und gerechtere Führung zu gewährleisten.

Zum Verhalten gehört auch die nonverbale Kommunikation, die vor allem die Beziehungsebene zu den Mitarbeitenden prägt. Neben Mimik, Gestik und Blickrichtung zählt Argyle (2013) auch die Körperhaltung, äußere Erscheinung und räumliche Entfernung dazu.

Herr Steiner ist sich bewusst, dass er eine wenig lebhafte Mimik hat und es für ihn schwierig ist, künstliche Begeisterung auszustrahlen. Auch das Nachdenken im Stillen kann dazu beitragen, insbesondere von extravertierten Mitarbeitenden als distanziert, desinteressiert oder sogar arrogant wahrgenommen zu werden. Daher sollte Herr Steiner sich bemühen, deutlich zu machen, wann er (für das Gegenüber unsichtbar) nachdenkt, um Missverständnisse auf der Beziehungsebene zu vermeiden.

In Bezug auf sein Führungsverhalten hat Herr Steiner kaum Erfahrungen, die ihm Vertrauen in die eigene Fähigkeit geben könnten. Um Vertrauen zu gewinnen, ist es wichtig, sich die eigene Zukunft als Führungskraft vorzustellen und das nötige Selbstvertrauen zu entwickeln.

Dabei sollten Fragen wie: Wie beschreibe ich mich selbst als Führungskraft? Fühle ich mich wohl, wenn ich als Führungskraft bezeichnet werde? reflektiert werden. Falls nicht, ist es entscheidend herauszufinden, was dafür benötigt wird und welche Führungskompetenzen weiterentwickelt werden sollten.

Eine bewährte Taktik ist es, „so zu tun, als ob". Indem man die Führungsrolle imitiert, bis man sie verinnerlicht hat, kann man schrittweise das Vertrauen in die eigenen Fähigkeiten aufbauen. Wie Laney (2016, S. 168) sagt: „Täuscht man vor, zu beherrschen, was man tut, wird sich unweigerlich bald das Gefühl einstellen, es tatsächlich zu können."

Jedoch legen viele Introvertierte, wie Herr Steiner, großen Wert darauf, sich stets authentisch zu verhalten. Ergänzend könnten für ihn folgende Fragen hilfreich sein: Welche Fähigkeiten und Stärken habe ich bereits? Wo kann ich sie gezielt für meine Mitarbeitenden einsetzen?

Wenn Herr Steiner nun handelt und seine Fähigkeiten einsetzt, dürfte sich zeitnah das Gefühl, eine Führungskraft zu sein, einstellen. Sicherlich wird es unangenehme oder unsichere Momente geben, aber sein Verhalten dürfte für den Einstieg in die Rolle „gut genug" sein. Mit regelmäßiger Reflexion lassen sich sukzessive weitere erforderliche Methoden und Fähigkeiten erkennen und lernen.

Mitarbeiterführung

1. Werden Sie sich Ihrer Werte und inneren Haltung bewusst. (Persönlichkeit)
2. Geben Sie regelmäßig Feedback als Ausdruck von Anerkennung oder konstruktiver Kritik. (Wissen)
3. Moderieren Sie Teambesprechungen transparent als Führungskraft und Moderatorin oder Moderator. (Wissen)
4. Planen Sie Zeitblöcke für konzentriertes Arbeiten und halten Sie diese ein. (Rahmenbedingungen)
5. Delegieren Sie fachliche Verantwortung, um Effizienz und Entwicklung im Team zu fördern. (Rahmenbedingung)
6. Stärken Sie Ihre beziehungsorientierten Fähigkeiten. (Miteinander)
7. Fühlen Sie den „Puls" des Teams, um die Zusammenarbeit zu verbessern. (Miteinander)
8. Lernen Sie Small Talk, um eine positive Atmosphäre zu schaffen und Beziehungen zu pflegen. (Miteinander)
9. Reflektieren Sie Gespräche und Verhalten, um unbewusste Vorurteile zu erkennen und zu korrigieren. (Verhalten)
10. Wenn Sie bisher wenig Führungserfahrung haben, kreieren Sie ein Bild von sich als Führungskraft und setzen Sie es praktisch um, um Vertrauen und Selbstbewusstsein aufzubauen. (Verhalten)

Was Sie aus diesem *essential* mitnehmen können

- Introversion und Extraversion sind Persönlichkeitsmerkmale, die unterschiedliche Verhaltensweisen beschreiben. Vertrauen Sie auf sich und erkennen Sie Ihre wertvollen introvertierten Eigenschaften an, die erfolgreiches Führen auf eine andere Art ermöglichen.
- Führungskräfte sind für den Kontakt zu und die Verbindung von Menschen verantwortlich, was beziehungsorientierte Fähigkeiten erfordert. Die Arbeitsweise und Interaktion von Introvertierten bieten dafür optimale Voraussetzungen und ermöglichen erfolgreiche Teamergebnisse.
- Betreiben Sie ein aktives Energiemanagement, um ein für sich passendes Energielevel zu halten und nicht unbewusst in den „Energiesparmodus" zu fallen. Dadurch behalten Sie den Zugang zu Ihren interaktiven Stärken in der Führungsarbeit.
- Entwickeln Sie hilfreiche Führungsstrategien für sich selbst und Ihre Mitarbeitenden, indem Sie die fünf Elemente Persönlichkeit, Wissen, Miteinander, Rahmenbedingungen und Verhalten berücksichtigen.
- Suchen und aktivieren Sie introvertierte Talente, indem Sie gezielt auf sie zugehen und ihnen Aufgaben anbieten, die Freiraum zur Gestaltung und persönliche Entwicklung bieten.

Literatur

Amar, P. (2013). *Psychologie für Fach- und Führungskräfte: Für mehr Erfolg im Berufsleben* (J. Bretthauer, Übers.). Springer Spektrum.

Argyle, M. (2013). *Körpersprache & Kommunikation: Nonverbaler Ausdruck und soziale Interaktion* (K. Petersen, Übers.; 10., überarbeitete Neuauflage). Junfermann.

Aron, E. N., & Aron, A. (1997). Sensory-processing sensitivity and its relation to introversion and emotionality. *Journal of Personality and Social Psychology, 73*(2), 345–368. https://doi.org/10.1037/0022-3514.73.2.345.

Asendorpf, J. B. (2005). *Psychologie der Persönlichkeit.* Springer.

Cain, S. (2013). *Still: Die Kraft der Introvertierten* (F. M. Cattani & M. Randow-Tesch, Übers.; Aktualisierte und erweiterte Taschenbuchausgabe, 6. Aufl.). Goldmann.

Covey, S. R. (2016). *Die 7 Wege zur Effektivität: Prinzipien für persönlichen und beruflichen Erfolg* (A. Roethe, I. Pross-Gill, & N. Bertheau, Übers.; 39. Aufl.). GABAL.

Domsch, M. E., Ladwig, D., & Weber, F. C. (Hrsg.). (2019). *Vorurteile im Arbeitsleben: Unconscious Bias erkennen, vermeiden und abbauen.* Springer Gabler.

Fehr, T. (2006). Big Five: Die fünf grundlegenden Dimensionen der Persönlichkeit und ihre 30 Facetten. In S. Walter (Hrsg.), *Persönlichkeitsmodelle und Persönlichkeitstests: 15 Persönlichkeitsmodelle für Personalauswahl, Persönlichkeitsentwicklung, Training und Coaching* (1. Aufl., S. 113–135). GABAL-Verlag.

Fischer, E. (2013). Meetings moderieren und gestalten. In T. Steiger & E. Lippmann (Hrsg.), *Handbuch angewandte Psychologie für Führungskräfte: Führungskompetenz und Führungswissen.* (4., vollst. und überarb. Aufl., S. 350–375). Springer.

Geen, R. G. (1984). Preferred stimulation levels in introverts and extroverts: Effects on arousal and performance. *Journal of Personality and Social Psychology, 46*(6), 1303–1312. https://doi.org/10.1037/0022-3514.46.6.1303.

Glasl, F. (2020). *Konfliktmanagement: Ein Handbuch für Führung, Beratung und Meditation* (12., aktualisierte Aufl.). Haupt Verlag.

Göschl, M., Grunau, P., Weber, E., & Wolter, S. (2023). Die Pandemie hat in Deutschland keinen Quiet-Quitting-Trend ausgelöst. IAB-Forum 25. Juli 2023. https://www.iab-forum.de/die-pandemie-hat-in-deutschland-keinen-quiet-quitting-trend-ausgeloest/. Zugegriffen: 2. Apr. 2024.

Grant, A. M., Gino, F., & Hofmann, D. A. (2011). Reversing the extraverted leadership advantage: The role of employee proactivity. *Academy of Management Journal, 54*(3), 528–550. https://doi.org/10.5465/AMJ.2011.61968043.

Höhn, R. (1983). *Die innere Kündigung im Unternehmen: Ursachen, Folgen, Gegenmaßnahmen* (2. unveränd. Aufl.). Verlag WWT.

Hug, B. (2013). Feedback, Anerkennung und Kritik. In T. Steiger & E. Lippmann (Hrsg.), *Handbuch Angewandte Psychologie für Führungskräfte* (4., vollst. und überarb. Aufl., S. 286–298). Springer Berlin Heidelberg.

Johnson, D. L., Wiebe, J. S., Gold, S. M., Andreasen, N. C., Hichwa, R. D., Watkins, G. L., & Boles Ponto, L. L. (1999). Cerebral blood flow and personality: A positron emission tomography study. *The American Journal of Psychiatry, 156*(2), 252–257.

Jung, C. G. (1921). *Psychologische Typen*. Rascher.

Kinne, P. (2016). *Diversity 4.0: Zukunftsfähig durch intelligent genutzte Vielfalt*. Springer Gabler.

Körner, A., Geyer, M., Roth, M., Drapeau, M., Schmutzer, G., Albani, C., Schumann, S., & Brähler, E. (2008). Persönlichkeitsdiagnostik mit dem NEO-Fünf-Faktoren-Inventar: Die 30-Item-Kurzversion (NEO-FFI-30). *PPmP – Psychotherapie · Psychosomatik · Medizinische Psychologie, 58*(6), 238–245. https://doi.org/10.1055/s-2007-986199.

Laney, M. O. (2016). *Die Macht der Introvertierten: Der andere Weg zu Glück und Erfolg* (K. Petersen, Übers.; 2., unveränderte Aufl.). Hogrefe.

Laufer, H. (2007). *Vertrauen und Führung. Vertrauen als Schlüssel zum Führungserfolg*. GABAL.

Little, B. R. (2000). Free Traits and Personal Contexts: Expanding a Social-Ecological Model of Well-Being. In W. Bruce Walsh, Kenneth H. Craik, & Richard H. Price (Hrsg.), *Person-environment psychology: New directions and perspectives* (2. Aufl., S. 87–116). Erlbaum.

Little, B. R. (2015). *Mein Ich, die anderen und wir: Die Psychologie der Persönlichkeit und die Kunst des Wohlbefindens* (M. Wiese, Übers.). Springer Spektrum.

Löhken, S. (2016). *Intros und Extros: Wie sie miteinander umgehen und voneinander profitieren*. Piper.

Löhken, S. (2022). *Leise Menschen – Starke Wirkung* (5. Aufl.). Piper Taschenbuch.

Lorenz, T., & Oppitz, S. (2010). Myers-Briggs Typenindikator (MBTI) – Profilierung durch Persönlichkeit. In S. Walter (Hrsg.), *Persönlichkeitsmodelle und Persönlichkeitstests: 15 Persönlichkeitsmodelle für Personalauswahl, Persönlichkeitsentwicklung, Training und Coaching* (2. Aufl., S. 299–319). GABAL-Verlag.

Lucas, R. E., Diener, E., Grob, A., Suh, E. M., & Shao, L. (2000). Cross-cultural evidence for the fundamental features of extraversion. *Journal of Personality and Social Psychology, 79*(3), 452–468. https://doi.org/10.1037/0022-3514.79.3.452.

Mai, C., Frey, R.-V., Büttgen, M., & Hülsbeck, M. (2015). Persönlichkeitsprototyp der DAX 30 Vorstandsvorsitzenden: Eine empirische Analyse mittels Attribution anhand des NEO-Fünf- Faktoren-Inventars. *Schmalenbachs Zeitschrift für betriebswirtschaftliche Forschung, 67*(1), 4–34. https://doi.org/10.1007/BF03372914.

Müller, S. (2018). *Virtuelle Führung: Erfolgreiche Strategien und Tools für Teams in der digitalen Arbeitswelt*. Springer Gabler.

Neubauer, W. F., & Rosemann, B. (2006). *Führung, Macht und Vertrauen in Organisationen*. Kohlhammer.

Parkinson, C. N. (19. November 1955). *The Economist. 177*(Nr. 5856), S. 635–637.

Ostendorf, F., & Angleitner, A. (2004). *NEO-Persönlichkeitsinventar nach Costa und McCrae, Revidierte Fassung (NEO-PI-R)*. Hogrefe.

Pervin, L. A., Cervone, D., & John, O. P. (2005). *Persönlichkeitstheorien* (5., vollst. überarb. und erw. Aufl.). <E.> Reinhardt.

Pluess, M. (2015). Individual differences in environmental sensitivity. *Child Development Perspectives, 9*(3), 138–143. https://doi.org/10.1111/cdep.12120.

Schulz von Thun, F. (2003). *Miteinander Reden: Störungen und Klärungen* (Bd. 1). Rowohlt Taschenbuch.

Stahl, E. (2017). *Dynamik in Gruppen: Handbuch der Gruppenleitung* (4., vollst. überarb. und erw. Aufl.). Beltz.

Struss, R. (2022a). Niemals gut genug? Warum Perfektionismus keine Lösung ist. https://www.strussundclaussen.de/karriere-blog/beitraege/niemals-gut-genug-warum-perfektio nismus-keine-loesung-ist/. Zugegriffen: 2. Apr. 2024.

Struss, R. (2022b). Lass gut sein! Vom übertriebenen Perfektionismus zum gesunden Anspruch. https://www.strussundclaussen.de/karriere-blog/beitraege/lass-gut-sein-vom-uebertriebenen-perfektionismus-zum-gesunden-anspruch/. Zugegriffen: 2. Apr. 2024.

Vedder, G. (2016). Unterschätzte Diversity-Aspekte im beruflichen Alltag – Am Beispiel von Attraktivität, Introvertiertheit, Monochronie und Überforderung. In G. Vedder & F. Krause (Hrsg.), *Personal und Diversität* (S. 51–64). Hampp.

Watzlawick, P. (2016). *Anleitung zum Unglücklichsein* (Ungek. Taschenbuchausg., 18. Aufl.). Piper.